Reinhard Krien · Namenphysiognomik

REINHARD KRIEN

Namenphysiognomik

Untersuchungen zur sprachlichen Expressivität
am Beispiel von Personennamen,
Appellativen und Phonemen des Deutschen

Max Niemeyer Verlag
Tübingen 1973

ISBN 3-484-10158-x

© Max Niemeyer-Verlag Tübingen 1973
Alle Rechte vorbehalten. Ohne ausdrückliche Genehmigung des Verlages ist es
auch nicht gestattet, dieses Buch oder Teile daraus auf photomechanischem
Wege (Photokopie, Mikrokopie) zu vervielfältigen.

INHALT

Einleitung 1

I. Namenphysiognomische Eindrücke als kollektives Phänomen 11
   A. Sprachliche Expressivität und Sprachgemeinschaft 11
   B. Empirische Untersuchungen zum Problem der Kollektivität namenphysiognomischer Eindrücke 13
      1. Die Eis'schen Rollentests 13
      2. Der Rollentest nach dem Zufallsprinzip 18
      3. Der Charakteristik-Test 28
      4. Das Polaritätsprofil 31

II. Strukturen des expressiven Umfelds des sprachlichen Zeichens . 40
   A. Das Raummodell der Primärkonnotationen im sprachlichen Bereich 40
      1. Aktualgenetische Wortuntersuchungen 41
      2. Die Theorie der PP-Methode 43
      3. Die Methode des Polaritätsprofils 45
      4. Der Raum der emotionalen Konnotationen 56
      5. Interpretation der Faktoren F_1, F_2, F_3 60
      6. Gesetzmäßigkeiten im Raum der sprachlichen Primärkonnotationen 68
      7. Die physiognomischen Qualitäten der Laute 75
   B. Der assoziative Anteil des expressiven sprachlichen Umfelds 93
   C. Nameninterpretationen 98

III. Name und Persönlichkeit 112
   A. Namenmagie 113
      1. Das alte Ägypten 113
      2. Die Bibel 114
      3. Das Ägypten der Antike 115
      4. Die griechisch-römische Antike 116
      5. Zeugnisse der europäischen Volkskunde 118

- B. Der Eigenname als charakterologisches Problem 120
  - 1. Erfahrungen der Psychotherapie 121
  - 2. Korrelationen zwischen Name und Persönlichkeit im Alltag 123
  - 3. Name und Berufswahl 124
  - 4. Name und Ichbewußtsein 127
- C. Der Porträttest 129
  - 1. Methodische Überlegungen zum Porträttest 129
  - 2. Die Ergebnisse des Porträttests 131
  - 3. Porträttest und Polaritätenprofil 139

Literaturverzeichnis 148

E I N L E I T U N G

Das Problem der sprachlichen Expressivität[1] hat sich als eines der unzugänglichsten Objekte der Sprachwissenschaft erwiesen, und die einschlägige Forschung gleicht nach einem leider immer noch gültigen Wort W. Schneiders[2] einem Schlachtfeld, das "von zerhauenen Waffen" übersät ist. Gleichwohl ist der unreflektierte Sinn der Menschen für die expressiven Eigenschaften der Sprache so alt wie die Sprache selbst. Er erweist sich in der Reaktion auf das psychologische Raffinement moderner Werbetexte als ebenso wirksam wie in der Sprachmagie früher Kulturen, die etwa aus der Gestalt eines Namens Rückschlüsse auf das Wesen des Namenträgers zog. Ja, ich neige dazu, mit einer nicht unwesentlichen Beteiligung physiognomischer Kategorien sogar beim eigentlichen Prozeß der Sprachentstehung[3] zu rechnen.

Gemeint ist hier die Möglichkeit, daß die erlebte Physiognomie eines zu benennenden Gegenstandes vermittels einer spezifischen Innervation biopsychischer Schichten - insbesondere des vegetativen Nervensystems, das auch bei der Steuerung der lautlichen Artikulation eine wichtige Rolle spielt - in einer Art tiefenpsychologischer Onomatopöie die sprachliche Form des Namens mit bestimmen konnte.

Aus einer solchen Hypothese folgt jedoch nicht notwendigerweise das Postulat einer vielfach angestrebten 'Urphysiognomik', die für die Gesamtheit auch der heute lebenden Sprachen Geltung hätte, "einer Physiognomik nämlich, welche bestimmten Lauten und Lautverbindungen ganz allgemein bestimmte Bedeutungen zuweist."[4] Den wirklichen Verhältnissen dürfte am ehesten die Annahme einer

---

[1] Zur Definition des Begriffs vgl. S. 6, S. 40f. u. S. 92
[2] Wilhelm Schneider, Über Lautbedeutsamkeit, in: Zs. f. dt. Philologie 63, 1938, S. 138.
[3] Es sei mir erlassen, an dieser Stelle auf die Diskussion um Σύσει/θεσει bzw. Σύσει/νόμω seit der Antike einerseits und auf die psychologischen Sprachursprungstheorien (Thorndike u.a.) andererseits einzugehen. Eine einführende Darstellung des Fragenkreises gibt W. Porzig, Das Wunder der Sprache, Bern 1950, unter dem Kratylostitel 'Die Richtigkeit der Namen'.
[4] Heinz Werner, Über die Sprachphysiognomik als einer neuen Methode der vergleichenden Sprachbetrachtung, in: Zs. f. Psychol. 109, 1929.

Hierarchie von Strukturen entsprechen, wobei von gewissen physiognomischen Primärstrukturen auszugehen wäre, die sich direkt von der Konstitution des psychophysischen Organismus herleiten. Den die Sprachfamilien, Nationalsprachen, Dialekte usw. begleitenden expressiven Systemen käme dann die Funktion von auf die jeweilige Trägerstruktur aufmodulierten Sekundär-, Tertiär- etc. -strukturen zu.

Die strukturelle Linguistik hat, ohne sich bisher mit dem Problem der sprachlichen Expressivität näher befaßt zu haben, etwa für die Semantik und die Phonologie ähnliche Denkmodelle entworfen. Sie setzt in diesem Zusammenhang ein Inventar "semantischer und substantieller Universalien" voraus, aus dem "jede Einzelsprache eine spezifische Auswahl trifft."[1] Ich sehe keinen Grund, analog dazu nicht auch von 'expressiven Universalien' zu sprechen, aus deren Fundus jede Sprache in eigentümlicher Weise schöpft.

Die hier aufgeworfene Frage der überindividuellen Gültigkeit sprachphysiognomischer Eindrücke wird uns in der Folge noch eingehender zu beschäftigen haben. Grundsätzlich soll zunächst nur die eingangs angedeutete Tatsache festgehalten werden, daß offenbar Name und benannter Gegenstand, d.h. der Wortkörper (signifiant im de Saussureschen Sinne) und das entsprechende Ding der Wirklichkeit (thing meant bei Ullmann) allgemein - wenn auch in der Regel unbewußt - durch den Sprachteilhaber einem physiognomischen Vergleich, i.e. einem Vergleich hinsichtlich der Ähnlichkeit ihrer expressiven Qualitäten unterzogen werden. Dies würde bedeuten, daß die vom significant her wirksamen expressiven Eigenschaften unsere sprachliche Konzeption (signifié) des bezeichneten Gegenstands ebenso zu beeinflussen in der Lage sind wie die von der Beschaffenheit des entsprechenden Dings der Wirklichkeit selbst herrührenden. Daß auf diese Weise etwa die de Saussuresche Formel von der Beliebigkeit des Zeichens oder auch die Rolle des thing meant für manchen in neuem Licht erscheinen könnte, sei hier nur nebenher vermerkt. Immerhin scheint es mir erforderlich, die Funktion der Expressivität bei der Diskussion eines Modells der sprachlichen Grundkomponenten stärker zu berücksichtigen als es bisher der Fall war.

Ehe das möglich ist, müssen jedoch Anstrengungen unternommen werden, die in absehbarer Zeit zu einer generellen Klärung des Phänomens der sprachlichen Expressivität zu führen versprechen. Ein derartiges Vorhaben ist m.E. mit sprachwissenschaftlichen Methoden allein nicht zu bewältigen, da das Thema von vornherein sprachwissenschaftliche *und* psychologische Aspekte in sich

---

[1] Manfred Bierwisch, Strukturalismus. Geschichte, Probleme u. Methoden, in: Kursbuch 5, 1966, S. 98.

vereint. Dieser Ambivalenz der Fragestellung schien es auch angemessen, zum Ausgangspunkt der Untersuchung die Behandlung der expressiven Eigenschaften von Personennamen zu machen, denn es spielte dabei die - später zu begründende - Erwartung eine Rolle, es ließen sich allgemein bei Eigennamen sowohl die sprachlichen als auch die psychischen Bedingungen eines expressiven sprachlichen Umfelds besonders gut isolieren.

Freilich ist eine methodische Konsequenz der angedeuteten sprachwissenschaftlich-psychologischen Doppelpoligkeit des Problems die Notwendigkeit, althergebrachte Disziplingrenzen zu überschreiten, und hier ergeben sich in der Tat einige Schwierigkeiten. Wie wenig offenbar sich bestimmte Disziplinen bis heute an der Enge solcher Grenzen gestoßen haben, kann gerade anhand der deutschen Namenkunde gezeigt werden, wenn man sie etwa mit den hier interessierenden namenpsychologischen Fragen konfrontiert. Eine von Anfang an einseitige Ausrichtung dieses Forschungsgebietes auf Etymologie und Namengeschichte hat bewirkt, daß die synchronischen Aspekte des Namengebrauchs, soweit sie überhaupt gesehen werden, meist als quantité négligeable mißachtet und ihre Behandlung als nicht zu den Obliegenheiten ernsthafter Namenforschung gehörig angesehen wurde. So kann es auch kaum überraschen, wenn die psychologische Wertung der Namen in der Literatur, obwohl die Zahl einschlägiger Äußerungen im Ansteigen begriffen ist, selten über beiläufige aphoristische Bemerkungen oder die Zitierung passender Dichterworte hinausgekommen ist. Aber auch vereinzelte größere Abhandlungen zu diesem Themenkreis wie Adolf Bachs recht umfängliches Kapitel in der "Deutschen Namenkunde"[1] mit der Überschrift "Deutsche Personennamen als Gegenstand und Ausdruck geistig-seelischer Haltung" oder Bruno Boeschs Aufsatz "Die Eigennamen in ihrer geistigen und seelischen Bedeutung für den Menschen"[2], um nur einige zu nennen, bleiben in ihren Äußerungen oft unscharf und allgemein auf eine Art, für die das folgende Beispiel als charakteristisch gelten mag:[3] "Der Name unserer Heimat oder anderer Örtlichkeiten, die uns ans Herz gewachsen sind, hat für uns - besonders in der Ferne - einen Klang eigener Art. Gelegentlich kann ein Name, sei es durch seinen Sinn, sei es durch seinen Klang oder den Zusammenhang, in dem er uns entgegentritt, einen besonderen Gefühlsgehalt gewinnen."

Ebenso waren bei der Durchsicht der Kongreßberichte sämtlicher seit dem Kriege abgehaltener namenkundlicher Kongresse nur einige wenige, mehr zufällig

---

1 Deutsche Namenkunde I: Die deutschen Personennamen.
2 In: Der Deutschunterricht 9 (1957), S. 32-50.
3 A. Bach, Deutsche Namenkunde II: Die deutschen Ortsnamen 2, S. 520.

- meist im Zusammenhang mit den sog. redenden Namen - das Gebiet streifende Bemerkungen aufzufinden mit der einzigen Ausnahme des 1958 in München von Gerhard Eis eingebrachten Berichts mit dem Titel "Tests über suggestive Personennamen in der modernen Literatur und im Alltag", auf den noch zurückzukommen sein wird.[1]

Lediglich das Problem der Wirkung des Eigennamens auf den Namenträger erfreut sich einer etwas allgemeineren Beachtung. So schreibt etwa Ernst Pulgram in seiner wichtigen "Namentheorie"[2]: "This psychological impact of name-bearing upon the bearer is of the greatest importance. It is responsible for all the magic powers ascribed to names, for the solemnity with which Christian baptism and non-Christian name-giving ceremonies are performed, for name taboos, for the intangible honor, pride, value, and sometimes shame, attached to one's name, and, conversely, for the fear and opprobrium of namelessness." Mitunter gehen solche Äußerungen - etwa bei Bach[3] - bis zur Andeutung der Möglichkeit, der Eigenname könne bis zu einem gewissen Grade sogar die Wesensartung seines Trägers beeinflussen. Freilich ist eine Überprüfung auch dieser sehr interessanten, für unsere modernen Denkgewohnheiten zunächst geradezu provokanten These mit den Mitteln der traditionellen Namenkunde nicht möglich.

Nun ist aber m.E. gerade von der Stelle aus, wo die herkömmliche Namenkunde abbrechen zu müssen glaubt, eine ganze Skala von Hilfsmitteln zugänglich, die einerseits die moderne Psychologie, namentlich die neue Psycholinguistik und andererseits die nach halbhundertjährigem Dornröschenschlaf nun auch in Deutschland sich nachdrücklich durchsetzende Strukturlinguistik anbieten. Hier soll deshalb im folgenden der - zugestandenermaßen waghalsige - Versuch gemacht werden, sozus. exemplarisch die genannte, so merkwürdig altheidnisch klingende Hypothese Bachs auf dem Boden moderner Erfahrungswissenschaften einer möglichst nüchtern-kritischen Befragung zu unterziehen. Dabei kann zunächst von folgenden Überlegungen ausgegangen werden: Eine solche Beeinflussung des Wesens eines Menschen durch seinen Namen ist nur denkbar unter der Annahme, daß die Namen aufgrund eines von Ihrer sprezifischen sprachlichen Form abhängigen expressiven Umfelds bestimmten

---

[1] Beiträge zur Namenf. 10, 1959, S. 293-308. Über weitere Tests berichtet Eis in dem Aufsatz "Die Rufnamen der Tiere", Neophilologus 48, 1964, S. 122ff. und in einer Arbeit über die Namen in Kriminalromanen der Gegenwart, Neophilologus 1965, S. 307ff.
[2] Ernst Pulgram, Theory of Names, Beitr. z. Namenf. 5, 1954, S. 149-196.
[3] Dt. Namenkunde I, 2, S. 235.

Bewertungen des Sprachkollektivs[1] unterliegen, die sich dann unbewußt dem
Namenträger mitteilen. Dabei hat das jedem sprachlichen Zeichen eigene
expressive Umfeld beim Namen zusätzlich die Tendenz, die Vorstellung eines
bestimmten fiktiven Namenträgers zu suggerieren. Also auch wenn er seine
konkrete Bezeichnungsfunktion verliert, wenn er losgelöst von einem bestimmten Namenträger betrachtet wird, bleibt diese Funktion als habitueller
psychischer Mechanismus bestehen und drängt ersatzweise auf imaginative
Verwirklichung des Namenträgers. Als Material zur Modellierung der imaginativen Gestalt des Namenträgers dient dabei die sprachliche Form des
Namens.

Eine Verifizierung der hier postulierten Wirkungszusammenhänge macht dreierlei erforderlich: 1. den Nachweis, daß von Namen ausgehende Vorstellungen
und Bewertungen kollektiver Natur sind, 2. eine Analyse der Strukturen des
expressiven Umfelds von Namen sowie die Untersuchung der sprachlichen und
psychologischen Bedingungen seines Zustandekommens und 3. den Nachweis einer der sprachlichen Form des Namens entsprechenden spezifischen Beeinflussung des Namenträgers durch seinen Namen.

Die Punkte 1 und 3 sollen mit experimentellen psychologisch-statistischen
Verfahren angegangen werden. Bei dem für den Sprachwissenschaftler interessanten zweiten Punkt soll in der vorliegenden Untersuchung - wie schon angedeutet - eine methodische Synthese von sprachwissenschaftlichen und psychologischen bzw. psycholinguistischen Kategorien angestrebt werden. Ein solches
Vorhaben ist allerdings zu grundsätzlicher Art, als daß es sich auf das Gebiet der Namen beschränken könnte. Eine generelle Erörterung sprachlicher
Ausdrucksphänomene, die in den Versuch einer strukturellen Grundsatzanalyse
des expressiven sprachlichen Umfelds mündet, ist deshalb unerläßlich.

Eine solche umfassende Darstellung des Problematik fehlt bisher, doch gibt es
neuerdings Ansätze dazu. So versucht z.B. Stephan Ullmann, den "Gefühlswert" der
Worte "zu den für die Semantik und die Sprachwissenschaft als Ganzes geltenden
Prinzipien in Beziehung zu setzen."[2] Der Terminus "Gefühlswert" ist dabei

---

1 Zum Begriff der Sprachgemeinschaft vgl. F. de Saussure, Grundfragen der
allgemeinen Sprachwissenschaft, Berlin 1967, S. 16g., 26ff. und A. Martinet, Grundzüge der allgemeinen Sprachwissenschaft, Stuttgart 1963, S.
133ff., sowie aus soziolinguistischer Sicht J. J. Gumperz, Types of
Linguistic Communities, in: Readings in the Sociologie of Language, ed.
J. A. Fishman 1968.
2 Grundzüge der Semantik, Berlin 1967, S. 92.

von Erdmann übernommen, der an der Bedeutung eines Wortes dreierlei unterscheidet: 1. "den begrifflichen Inhalt", 2. "den Nebensinn", 3. "den Gefühlswert",[1] wobei unter Nebensinn "alle Begleit- und Nebenvorstellungen, die ein Wort gewohnheitsmäßig und unwillkürlich in uns auslöst" und unter Gefühlswert "alle reaktiven Gefühle und Stimmungen, die es erzeugt", verstanden werden. Diese beiden Begriffe wurden von Wellander[2] unter der Bezeichnung "Assoziationsgehalt" zusammengefaßt. Hier soll dafür in der Folge der Terminus "expressives sprachliches Umfeld" verwandt werden. Dieses gliedert sich in einen "assoziativen" und einen "physiognomischen" bzw. "primärkonnotativen"[3] Anteil, wobei, wie zu zeigen sein wird, wiederum gewisse Entsprechungen zu Erdmanns "Nebensinn" (assoziativ) und "Gefühlswert" (physiognomisch) auftreten.

Ullmann unternimmt es nun, diese "gefühlsmäßigen Komponenten der Bedeutungsbeziehung" an den "Grundprinzipien des sprachlichen Gefüges"[4] zu messen. Zu diesen Prinzipien gehören für ihn die Gegenüberstellungen von langue (Sprache) und parole (Rede), von internen und externen sprachlichen Elementen und von Name (Wortkörper) und Sinn. Was die erste der drei angeführten Polaritäten betrifft, so wird in der vorl. Untersuchung von sprachlichen Erscheinungen die Rede sein, die der langue angehören, d.h. von den expressiven Qualitäten der Worte, die unabhängig von den kontextualen Beziehungen der parole bestehen: "Es gibt Gefühlselemente, die weder vom Einzelnen noch rein vom Kontext abhängig sind. Sie bleiben dauernd mit dem Wort verbunden und machen es manchmal erst zu dem, was es ist. Ihr Ausdruckswert läßt sich am besten an Synonymen - oder vielmehr Pseudosynonymen - ablesen: 'Mädchen - Deern - Maid', 'Mutter - Mammi - Mater', 'klein - gering - lütt - winzig - klitzeklein - minimal - Miniatur - Mikro...' usw. Auch hier wird der Kontext miteinbezogen, nur handelt es sich dabei um Kontexte der 'langue' und nicht um Kontexte der 'parole', die sich wechselseitig beeinflussen und damit den Gefühlston relativ konstant halten. Doch zuweilen sind selbst diese Kontexte überflüssig. Auch für sich genommen kann der Bedeutungskern eines Wortes Gefühlsmomente enthalten."[5] Dasselbe meint Britan[6], wenn er von den Worten

---
1 Karl Otto Erdmann, Die Bedeutung des Wortes, Aufsätze aus einem Grenzgebiet der Sprachpsychologie und Logik, Leipzig 1925, S. 106f.
2 Erik Wellander, Studien zum Bedeutungswandel im Deutschen (Uppsala Universitets Arsskrift), Uppsala, 1917, 1923 und 1928, I, S. 40ff.
3 Definitionen s.u.S. 44ff. u. 96.
4 Ullmann A.a.O., S. 90.
5 A.a.O., S. 93.
6 H. H. Britan, The Function of the Emotions, in: Psychol. Rev. 33, 1926, S. 36.

sagt, daß "their real significance is as much emotional as it is conceptual."

Unter "externen" Bestandteilen der Sprache, die gefühlsmäßig wirksam werden können, versteht Ullmann "Lehngut, Übernahmen aus den Mundarten oder älteren Sprachstadien, Übernahmen aus dem sondersprachlichen Wortgebrauch fachlicher, beruflicher und sozialer Gruppen..."[1] Diese Definition deckt sich in etwa mit dem bei den unten S. 98 so genannten "idiomabhängigen Assoziationen" (IA) intendierten Sinne. Diese IA erscheinen dort als eine von sechs Assoziationsklassen des "assoziativen Anteils" des expressiven sprachlichen Umfelds.

Zu der Gegenüberstellung von Name (Wortkörper) und Sinn, die hier in Kap. II durch die Unterscheidung des phonemischen und graphischen Aspekts eines Wortes einerseits und des semantischen andererseits realisiert werden wird, bemerkt Ullmann: "Both are inherently suitable for arousing emotions. There is, however, one notable difference: the name may contribute to emotive effects but does not set them off directly, without the support of sense, whereas the sense is capable of affective action without the assistance of the name."[2] Diese Meinung wird sich in der Folge insofern als ergänzungsbedürftig erweisen, als sich auf empirischem Wege zeigen läßt, daß auch der bloße Lautkörper - etwa bei sinnlosen Phonemsequenzen - sehr wohl über ganz spezifische, stark ausgeprägte und kollektiv empfundene expressive Qualitäten verfügt.

Auch für diese umfassendere, allgemein sprachwissenschaftliche Fragestellung sind die Eigennamen von besonderem theoretischen Interesse. Das hängt mit dem grundsätzlichen Unterschied zwischen EN und Wort zusammen, deren gegenseitige Abgrenzung allerdings nicht immer einfach ist. "Die Definition des Eigennamens erweist sich als außerordentlich schwierig, eine Fülle von - teilweise miteinander im Widerspruch stehenden - Gesichtspunkten muß in ein System gebracht werden..."[3] Heinz Vater sieht die brauchbarsten Ansätze in dieser Richtung in Jacobsons informationstheoretischer Definition des EN als "code of code"[4] und bei Gardiner, der die identifizierende Funktion der

---

[1] A.a.O., S. 93.
[2] The Principles of Semantics, Glasgow, 1957, S. 102.
[3] Heinz Vater, Eigenname und Gattungsbezeichnung, in: Muttersprache 75, 1965, S. 207.
[4] Hierzu führt Vater im einzelnen aus, a.a.O., S. 208: "Eine gute Charakterisierung der EN gibt Roman Jakobson in Shifters, Verbal Categories and

EN hervorhebt.[1] Ein zusätzliches wertvolles Unterscheidungsmerkmal zwischen Name und Wort sieht Vater im Gebrauch des unbestimmten Artikels. "Gebrauch von *ein* ist - ebenso wie der Gebrauch des Plurals - ein untrügliches Zeichen dafür, daß eine Gattungsbezeichnung vorliegt."[2,3]

Fragen der grammatikalisch-formalen Besonderheiten des Nomen proprium behandeln auch Leys[4] und Debus[5]. Letzterer betont die numerative und determinative Neutralität des Eigennamens. "Was wir für die numerative Eigenheit des Namens herausgestellt haben, gilt auch entsprechend für die Frage nach der Determinierbarkeit des Propriums: der Eigenname ist determinativ-neutral, er ist schon durch seine individuell gerichtete Festlegung in sich selbst determinativ, hinweisend. Durch ein Determinativum kann keine echte Opposition determiniert: nicht determiniert entstehen, sondern höchstens Redundanz."[6]

Wichtiger aber als diese morphosyntaktischen Besonderheiten des EN ist für unseren Zusammenhang die Frage nach der 'Bedeutung' der Propria. Zur Beantwortung dieser Frage sind sehr unterschiedliche Theorien entwickelt worden.[7]

---

the Russian Verb (Harvard Univ., 1957, S. 1). Jakobson geht davon aus, daß in der sprachlichen Kommunikation eine Nachricht (message,M) übermittelt wird, die dann verstanden werden kann, wenn dem Sender und dem Empfänger der gleiche Kode (code,C) zur Verfügung steht. Nachricht und Kode haben nun beide eine doppelte Funktion: 'They may at once be utilized and referred to.' Daraus ergeben sich vier Möglichkeiten:
1. Eine Nachricht bezieht sich auf eine Nachricht (M/M)
2. Kode bezieht sich auf Kode (C/C)
3. eine Nachricht bezieht sich auf den Kode (M/C)
4. Kode bezieht sich auf eine Nachricht (C/M)

Die Eigennamen sind nun C/C: Kode, der sich auf Kode bezieht. Ihre allgemeine Bedeutung kann nicht ohne Bezug auf den Kode definiert werden."

1 Alan Gardiner, The theory of Proper Names. A Controversial Essay, London, 1954, S. 73.
2 A.a.O., S. 211.
3 Vgl. dazu auch O. Leys, De eigennaam als linguistisch teken, in: Mededelingen van de Vereiniging voor Naamkunde te Leuven en de Commisse voor Naamkund te Amsterdam 41, 1965, S. 19ff. und W. Fleischer, Zum Verhältnis von Name und Appelativum im Deutschen, in: Wiss. Zs. der Karl-Marx-Universität Leipzig, 13, 1964, Ges.- und Sprachwiss. Reihe, H. 2, S. 376f.
4 Der Eigenname in seinem formalen Verhältnis zum Appellativ, in:Beitr. z. Namenf., 1966, S. 113-123.
5 Aspekte zum Verhältnis Name-Wort, Groningen, 1966, S. 4-6.
6 A.a.O., S. 6.
7 Einen ausführlichen Überblick über diese Diskussion gibt Holger Steen Sørensen, The Meaning of proper namens, Kopenhagen 1963.

Vielfach ist gesagt worden, Namen hätten keinerlei Bedeutung, seinen "bloße Lautmarke"[1], "bloßes diakritisches Zeichen"[2], während andererseits etwa für Otto Jespersen die Eigennamen "the most meaningful of all nouns"[3] sind. Diesen stark kontroversen Auffassungen liegen offensichtlich unterschiedliche Definitionen des Bedeutungsbegriffes zugrunde. Für P. v. Polenz ist "mit 'Bedeutungslosigkeit' des nomen proprium ... ein Bedeutungsbegriff gemeint, den im gleichen Zusammenhang M. Bréal *sens étymologique*, O. Jespersen *dictionary-value* und E. Pulgram *lexical value* nennen, also die lexikalische, mit dem lebendigen Wortschatz übereinstimmende Bedeutung des Namens oder eines Namengliedes."[4] Die Verkümmerung dieser "extensiven Bedeutung" beim Namen ist nach Pulgram mit einer "Zunahme der intensiven Bedeutung"[5] verbunden, oder wie Solmsen es ausdrückt, die "Einschränkung des Bedeutungsumfanges" mit einer "Erweiterung des Bedeutungsinhaltes."[6] Dies ist darauf zurückzuführen, daß beim Namen "der Wortkörper selbst direkt, ohne das Mitklingen eines Wortfeldes, außerhalb der Wortschatzstruktur, mit" einer "einmaligen Sache oder Person verknüpft" gedacht wird und er deshalb "grundsätzlich unbelastet vom lexikalischen Spielraum der verwendeten sprachlichen Zeichen" ist.[7]

Wenn man dem Umstand Rechnung trägt, daß "intensive Bedeutung" offenbar nichts anderes meint als die hier interessierenden "expressiven Qualitäten" eines Wortes, so wird nunmehr klar, warum weiter oben von einem besonderen theoretischen Interesse gesprochen wurde, das dem Eigennamen bei der Analyse des expressiven sprachlichen Umfeldes zukomme: Der Name bietet diese Qualitäten in reinster Form und ist deshalb für ihre Untersuchung besonders geeignet, während beim sinntragenden Wort die Expressivwerte in einer Weise mit dem lexikalischen Inhalt interferieren, daß es im konkreten Fall recht schwierig ist, sie zu isolieren.

Diese Schwierigkeit deutet der Psychologe Heinz Werner an, der den expressiven Gehalt eines sprachlichen Zeichens unter dem noch näher zu definieren-

---

1 P. Trost, Der Gegenstand der Toponomastik, in: Wiss. Zs. der Karl-Marx-Universität Leipzig 11 (1962), Ges.- u. Sprachwiss. Reihe, H. 2, 275.
2 D. Gerhardt, Über die Stellung der Namen im lexikalischen System, in: Beitr. z. Namenf. 5, 1954, S. 7.
3 Zitiert bei E. Pulgram, a.a.O., S. 187 (Anm. 12).
4 Name und Wort, Bemerkungen zur Methodik d. Namendeutung, in: Mitteil. f. Namenk. 8, 1960/61, S. 9.
5 A.a.O., S. 171.
6 F. Solmsen (E. Fraenkel, Hrsg.), Indogermanische Eigennamen als Spiegel der Kulturgeschichte, Heidelberg, 1922, S. 2.
7 Polenz, a.a.O., S. 9.

den Begriff "Physiognomie" faßt: "Die physiognomische Beschreibung... wird manchem Außenstehenden oft nichts anderes als Selbstverständlichkeiten zu konstatieren scheinen. So z.B. wenn gesagt wird, daß die Physiognomie des Wortes *traurig* in einer Dynamik des Traurigen sich kundtut."[1]
Als Beispiel für die Zunahme der "intensiven Bedeutung" bzw. des expressiven Gehalts beim Übergang vom nomen appellativum zum nomen proprium mag das italienische Wort *bianca* dienen. Wird es als Name aufgefaßt, so ist der gebildeten Individuen geläufige Wortsinn mit einem Mal nur noch ein Einzelaspekt der Aura und zwar einer von vielen und keineswegs der beherrschende. Dazu ein Zitat aus Martin Walsers Roman "Halbzeit": "Alabaster-Creme hatte Diekkow die neue Zahnpasta nennen wollen. Ich hatte Bianca vorgeschlagen und Bianca wurde Uli Brugger und Fräulein Dr. Zitan zum Publikumstest übergeben ... Was fällt Ihnen ein, wenn sie Bianca hören? Busen, Mexiko, Italien, Casablanca, Weißwein, Titicacasee, Hündin, Bikini, W e i ß,[2] Haut, Weich und Hart, Eleganz, das waren die Ergebnisse."[3,4] Diese bemerkenswerte Stelle mag gleichzeitig als ein weiterer (wenn auch nicht wissenschaftlicher) Hinweis auf die Berechtigung des in der Folge unternommenen Versuchs gelten, psychologische und psycholinguistische Verfahrensweisen in die Methodik der sprachwissenschaftlichen Analyse von Namenphysiognomien einzuführen.

---

1 Zs. f. Psychologie 109, 1929, S. 346.
2 Hervorhebung nicht von Walser
3 Frankfurt, 1960, S. 417.
4 Der Autor teilte auf Anfrage mit, er habe die Anregung zu dieser Passage durch den Einblick in amerikanische Werbepraktiken erhalten.

I. NAMENPHYSIOGNOMISCHE EINDRÜCKE ALS KOLLEKTIVES PHÄNOMEN

Für unseren Zusammenhang ist die Frage von entscheidender Bedeutung, ob und ggfs. bis zu welchem Grade die sprachphysiognomischen Eindrücke kollektiver Art sind, d.h. ob die einzelnen Angehörigen einer Bestimmten Sprachgemeinschaft die von Namen und Wörtern hervorgerufenen Vorstellungen, Wertungen, Affekte und Assoziationen in ähnlicher Weise aktualisieren oder ob all diese Vorgänge ausschließlich durch die Eigengesetzlichkeit der Psyche des einzelnen bestimmt werden. Es geht also hier wieder um das Problem, ob es eine Expressivität gibt, die weder auf rein individueller Basis wirksam ist, noch allein auf Kontextbeziehungen der parole beruht, sondern vielmehr der langue zugerechnet werden kann.

A. Sprachliche Expressivität und Sprachgemeinschaft

Bejaht man letztere Frage, so setzt das voraus, daß jeder Sprache von vornherein ein ganz spezifisches Normensystem auch für das Verständnis expressiver Qualitäten immanent ist, dem alle Glieder der Sprachgemeinschaft verpflichtet sind. Hinweise in dieser Richtung finden sich schon in dem großen Humboldtschen Entwurf einer vergleichenden Sprachwissenschaft. Jede Sprache wird bei Humboldt als eine "Weltansicht"[1] gedeutet, als ein besonderer Weg, die Welt "in das Eigentum des Geistes umzuschaffen."[2] Ganz in der Tradition Humboldts steht Leo Weisgerber, wenn er von der "nach der Verschiedenheit der Sprachen verschiedenen Weltansicht"[3] spricht. Weisgerber verwendet in diesem Zusammenhang den Terminus "muttersprachliche Zwischenwelt". Er folgert, "daß grundsätzlich den muttersprachlichen Lautformen auch eine muttersprachliche Zwischenwelt zugeordnet ist. Mit anderen Worten: daß die sprachlichen Benennungen weder unmittelbare Tatbestände der Außenwelt noch geistige Gebilde anderer Herkunft treffen, sondern primär eine ihnen spezifisch zugeordnete muttersprachliche Denkwelt. Mit dieser aber scheinen sie so unzertrennlich verbunden, daß man beide als zwei Seiten einer Ganzheit anzusehen hat, d.h., die muttersprachlichen Lautzeichen sind erst dadurch 'Sprache',

---

1 Grundzüge des allgemeinen Sprachtypus, Werke V, S. 433.
2 Über das vergleichende Sprachstudium, Werke IV, S. 420.
3 Leo Weisgerber, Grundzüge der inhaltbezogenen Grammatik, S. 71.

daß sie in Wechselwirkung zu einer muttersprachlichen Zwischenwelt stehen, und diese geistige Leistung gewinnt ihrerseits erst dadurch Dasein, daß ihr in der Zeichenwelt einer bestimmten Sprache Halt und Dauer zuwächst."[1] Freilich weist die Strukturalistik neuerdings darauf hin, daß einige wesentliche Implikationen des "sprachlichen Relativismus" der Weisgerberschen Schule, zu dem auf anderem Wege auch Benjamin Lee Whorf, ein Schüler Sapirs, gefunden hatte, unvereinbar mit der strukturalistischen Universalientheorie seien.[2] Ohne in der Lage zu sein, in dieser Kontroverse begründete Urteile zu fällen, scheint mir doch - zumindest auf dem Gebiet der sprachlichen Expressivität - eine Synthese zwischen wesentlichen Aspekten beider Ansichten, etwa in Richtung auf das angedeutete Modell einer Strukturenhierarchie, durchaus erreichbar.

Vieles spricht immerhin dafür, daß das Verständnis expressiver sprachlicher Qualitäten in einem der Weisgerberschen Konzeption nahekommenden Sinne eigentümlichen Gesetzmäßigkeiten unterliegt, die innerhalb einer bestimmten Sprachgemeinschaft bestehen, "immerfort von ihr getragen und neu verwirklicht und doch wiederum als Macht ihr übergeordnet und jedem Einzelmitglied vorgegeben."[3] Interessante Beispiele für diese Eigenständigkeit der Expressivwerte in zwei verschiedenen Sprachen bietet Heinz Werner im Rahmen von Versuchen, die dem Ziel dienten, eine vergleichende Sprachphysiognomik zu begründen. Er hat u.a. mit Hilfe deutscher und französischer Versuchspersonen "in physiognomischer Absicht bestimmte Wörter desselben Inhalts im Deutschen und Französischen untersucht"[4] und berichtet darüber: "Nehmen wir als Beispiel zuerst einmal das deutsche Wort *Seife*! Das deutsche *Seife* hat etwas Schmieriges, Zähflüssiges, viel mehr von einem Zustand als von einem echten Dinge. Dagegen wird ... *savon* sehr viel substantieller, dinghafter erlebt, immer z.B. als ein Stück. Das deutsche *Seife* klingt und sieht aus, wie schon die obige Beschreibung anzeigt, sehr viel naturhafter; man könnte, wenn man die Art der Seife bezeichnen wollte, die im Deutschen durchschnittlich gemeint ist, sie als 'Schmierseife' ansprechen. Ganz anders im Französischen; *savon* hat etwas Gesellschaftliches, Mondänes, ist ausgesprochen Toilettenseife. Ferner: das deutsche *Seife* hat wenig Form, wird im allgemeinen als eine sich hinziehende Masse gefaßt, *savon* hingegen ist als viereckig oder auch rund, also besonders geformt erlebt. - Ähnlich ist es beispielsweise

---

1 A.a.O., S. 70.
2 Bierwisch, a.a.O., S. 136f.
3 Weisgerber, a.a.O., S. 33.
4 Zs. f. Psychol. 109, 1929, S. 351.

mit dem Unterschied von *Holz* und *bois*. *Holz* ist splittriges, späniges, weiches, undichtes Holz; manche Personen geben es astartig an. *bois* klingt hingegen hart, dicht; resistant sagt eine Versuchsperson; es ist wie gehobelte Bretter, fast poliert. Oder nehmen wir *Silber* und *argent*. Das deutsche *Silber* ist gleich dem französischen *argent* spitz, glänzend, kühl. Aber das französische Wort ist gegenüber dem deutschen weit geformter: 'wie ein altsilberner Gegenstand', 'wie ein geschmiedeter Löffel', 'wie ein silberner Teller' usw."[1,2]

Aufgrund solcher Erfahrungen ist auch für Werner die gegebene Basis für sprachphysiognomische Untersuchungen die Nationalsprache. Er geht davon aus, "daß Sprache ein gesetzmäßig geformtes, organisches Gebilde sei, daß ferner jede Einzelsprache eine solche Totalität darstelle, daß in ihr eine spezifische Ausdrucksformung herrsche. Eine Nationalsprache innehaben, heißt, die 'Ausdrucksbasis' besitzen, von der aus ganz allgemein die spezifischen Physiognomien der Wörter und Sätze innerhalb dieser Sprache verständlich sind."[3]

Daß die hier besonders interessierenden Eigennamen zum System der deutschen Sprache gehören und somit all diese Überlegungen auch für sie zutreffen, bedarf keiner besonderen Begründung. Werner Betz bestätigt dies, wenn er im Zusammenhang mit der Namenphysiognomik ausführt: "... es gibt offenbar ... gemeindeutsche physiognomische Züge im Sinne einer mittleren deutschen Umgangssprache ..."[4]

B. <u>Empirische Untersuchungen zum Problem der Kollektivität namenphysiognomischer Eindrücke</u>

1. Die Eis'schen Rollentests

Einen ersten Versuch, solche Vermutungen zur Expressivität der Namen auf

---

1 A.a.O., S. 352.
2 Vgl. dazu auch Erwin Laaths, Geschichte der Weltliteratur, München, 1953, S. 187: "Denn wie es häufig offenbleibt, ob selbst die abstrakten Begriffe, für die unsere Vokabelbücher die entsprechenden Wörter aus fremden Sprachen aufführen, stets dasselbe meinen, so finden sich im dichterischen Schrifttum bereits bei nahverwandten Sprachen schon erhebliche Abweichungen der seelischen Wahrnehmungs- und Aussage-Art: im Deutschen ist das Erlebnis 'Mond' mehr eine Erfahrung von nächtlich-ernster Pracht als im englischen 'moon' mit seinem dunkleren, unheimlichen Klang - wie anders dagegen das lateinische 'luna', das französische 'lune' oder gar das silbrig-helle, scheibenhafte Schweben des griechischen 'Selene'!"
3 A.a.O., S. 340.
4 Werner Betz, Zur Namenphysiognomik, in: Festschr. f. Adolf Bach, Heidelberg 1965, S. 185.

empirischer Basis zu überprüfen, hat Gerhard Eis unternommen. Er ging dabei von der Beobachtung aus, "daß man sich beim Hören des Namens unwillkürlich eine Vorstellung vom Profil oder der Physiognomie des Trägers bildet, ohne daß man sich über die Ursachen, warum die Vorstellung gerade so ausfällt, Rechenschaft ablegt." Dennoch: "Das Vorhandensein solcher Vorstellungen ist exakt feststellbar, sie können sogar mit einiger Wahrscheinlichkeit ihrem Charakter nach vorausbestimmt werden. Dies ist experimentell mit Hilfe eines Tests möglich, bei dem man die Versuchspersonen den aus dem Unterbewußtsein gesteuerten Akt der Namenwahl wiederholen, bzw. nachvollziehen läßt."[1] Eis arbeitete dabei mit einem Testarrangement, bei dem es darauf ankam, bestimmten Rollen eine Reihe von (alphabetisch aufgeführten) Namen zuzuordnen.

So hatten die Versuchspersonen beispielsweise fünf Namen aus Falladas Roman 'Wolf unter Wölfen', nämlich *Kniebusch*, *Petra Ledig*, *Matzke*, *die schwarze Minna* und *Joachim von Prackwitz* den folgenden Personalangaben zuzuordnen:

1. Ein Rittergutsbesitzer, Hauptmann a.D.
2. Ein alter, ängstlicher Förster
3. Eine nicht ganz verdorbene Straßendirne
4. Ein ausgebrochener Zuchthäusler
5. Ein Dienstmädchen, das diesem hilft

Die männlichen Rollen wurden zu 100 bzw. 99 Prozent 'richtig' (Rittergutsbesitzer: *v. Prackwitz*, Förster: *Kniebusch*, Zuchthäusler: *Matzke*) besetzt, während sich bei den Frauen keine Signifikanz ergab, was Eis auf die zu nahe beieinander liegenden Namensqualitäten zurückführt.

Gleichartige Versuche wurden auch mit nichtliterarischen Namen durchgeführt. So wurden aus dem Prager Vorlesungsverzeichnis von 1944 die Namen *Taras Borodajkewycz*, *Josef Bumba*, *Walter Findeisen*, *Arthur Winkler von Hermaden* und *Rudolf Hippius* ausgesucht und den Rollen Generalkonsul, Oberkirchenrat, Professor für Experimentalphysik, Straßenbahnschaffner und Heimatdichter gegenübergestellt. Dabei wurden die Zuordnungen Generalkonsul: *Winkler von Hermaden*, Oberkirchenrat: *Hippius*, Experimentalphysiker: *Borodajkewycz*, Straßenbahnschaffner: *Bumba* und Heimatdichter: *Findeisen* prognostiziert. Die Voraussage bestätigte sich insofern, als diese Kobinationen (nach der oben angegebenen Reihenfolge) mit 65 %, 72 %, 61 %, 81 %, 41 % jeweils mit deutlichem Abstand an der Spitze lagen.

Eine andere Liste im Rahmen der Eis'schen Tests enthielt die Namen *Felix*

---

1 Neophilologus 48, 1964, S. 134.

Behrendt, Uwe Hasselhorst, Franz Joseph Ipfelkofer, Egon Judassohn, Wenzel Panofsky und die Berufe Portier, Notar, Schachmeister, Oberleutnant und Brauereibesitzer. Die Ergebnisse, in schematische Form gebracht, sahen folgendermaßen aus:

	Behrendt	Hasselh.	Ipfelk.	Judass.	Panofsky
Portier	36 %	5 %	16 %	15 %	28 %
Notar	30 %	11 %	9 %	45 %	5 %
Schachmeister	25 %	4 %	-	30 %	41 %
Oberleutnant	4 %	78 %	4 %	2 %	12 %
Brauereibesitzer	3 %	3 %	72 %	10 %	12 %

Ein Versuch, bei dem die Namen von Angehörigen bestimmter Nationalitäten auf charakteristische Rollen verteilt werden sollten, ergab ein besonders hohes Maß an Einheitlichkeit in den Zuordnungen:

	Percy Fawkes	Orlando Pallavicini	Dimitri Milinski	Fredrik Olsen	Ferenc Lajosch
Tennistrainer	88 %	-	-	3 %	9 %
Schweinehändler	5 %	2 %	8 %	5 %	80 %
Walfischfänger	3 %	-	8 %	87 %	2 %
Opernsänger	-	94 %	4 %	-	2 %
Spion	5 %	5 %	82 %	4 %	4 %

Um den vermuteten Einfluß der drei Kriterien Seltenheit, Rechtschreibung und morphematische Motiviertheit auf die Bewertung von Personennamen nachzuweisen, wurde den Versuchspersonen die Aufgabe gestellt, unter 10 Personen, die die Namen *Erich Mayer*, *Willi Ortmayer*, *Friedrich Mayer-Brückenau*, *Anton Schmalz*, *Anton Schmaltz*, *Karl Braun*, *Malte Bruhns*, *Friedrich-Ludwig Braunbehrens*, *Hans Gross* und *Kurt Hösch* trugen, fünf auszusuchen, die dem diplomatischen Corps angehören könnten. Das Ergebnis:

Mayer-Brückenau	100 %
Friedrich-Ludwig Braunbehrens	92 %
Malte Bruhns	84 %
Kurt Hösch	72 %
Willy Ortmayer	62 %

Anton Schmaltz	35 %
Karl Braun	22 %
Hans Groß	16 %
Erich Mayer	14 %
Anton Schmalz	-

Als letztes Beispiel aus Eis' Versuchsreihe sei das Ergebnisschema eines Rollentests mit weiblichen Namen aufgeführt (soweit die Prozentzahlen angegeben sind):

	Lily Barkhausen	Kreszentia Hinterhuber	Christine Papebroich	Gisela Simonides	Rosalia Stück
Pfarrerstochter	-	-	46 %	19 %	-
Inhaberin eines Modesalons	41 %	3 %	22 %	21 %	13 %
Köchin	3 %	70 %	-	3 %	14 %
Reedersgattin	37 %	-	14 %	41 %	-
Giftmörderin	19 %	11 %	8 %	16 %	46 %

Zweifellos eröffnen diese Tests den Zugang zu einem reizvollen neuen Feld im Bereich der Namenkunde. Auch werden sie sicher in dieser Form in der praktischen Arbeit für die Erledigung bestimmter Aufgaben von Nutzen sein. Es dürfte sich aber als zweckmäßig erweisen, die methodologische Basis dieser Experimente noch ein wenig stärker zu befestigen. Vor allem kommt es darauf an, ein Testverfahren zu finden, das die reine Wirkung der physiognomischen Valenzen der Namen herauszudestillieren verspricht und eine zuverlässige Ausschaltung etwaiger systemfremder Faktoren gewährleistet.

Ein solches Arrangement im Bezug auf die Rollentests ist m.E. nur zu erreichen, wenn die Namen nach einem strengen Zufallsprinzip ausgewählt werden, bzw. falls bestimmte Namen zu untersuchen sind, diese zumindest in auf solche Weise gewonnenes Namenmaterial eingebettet werden. Signifikanzen, die sich dann noch ergeben, besitzen nun aber auch, sofern sie nur die statistische Zuverlässigkeitsgrenze übersteigen, unmittelbare Beweiskraft, auch wenn sie quantitativ bedeutend kleiner sein sollten, als die mit einer Zusammenstellung 'besonders gut passender' Namen erzielten.

Bei einer sorgfältig-bewußten Auslese oder gar eigener Erfindung der Namen für die Rollen nämlich gerät man allzu leicht in Gefahr, Namen heranzuziehen, bei denen die zur Rolle passenden Züge in karikaturhafter Weise überzeichnet

sind, so daß es schließlich darauf hinausläuft, daß die Versuchsperson
nichts anderes zu leisten hat, als nur die beiden Hälften eines konventionierten Wissenszusammenhangs wieder zusammenzusetzen. Bei der Kombination *v. Prackwitz* - Rittergutsbesitzer, Hauptmann a.D. beispielsweise wird
es schwierig sein, den Anteil der spezifischen Ausdruckswerte dieses Namens
von der - hier entscheidenden - Auswirkung des zur allgemein bekannten Karikatur erstarrten und in zahlreichen Standardwitzen wiederkehrenden Klischees vom Typus "Rittergutsbesitzer, Offizier a.D. von ---witz" abzugrenzen. Dieses Klischee entstand aufgrund der Tatsache, daß ein hoher Prozentsatz des preußischen Offizierskorps adlig war und mit Grundbesitz und
Agrariertum des deutschen Ostens verbunden war, wo viele der Adelsnamen aus
slaw. ONN auf *-itz* abgeleitet sind. Auch wenn ein Nationalitätenstereotyp
von der Art des Schweinehändlers *Ferenc Lajosch* ins Spiel kommt (Zigeunerbaron!) oder ein Brauereibesitzer mit dem erzbajuwarischen Namen *Franz Josef Ipfelkofer* erkannt werden soll, spielt die spezifische Namenform keinerlei Rolle, sondern es genügt für die 'richtige' Zuordnung vollkommen zu
erkennen, daß es sich um einen ostdeutschen Adelsnamen bzw. einen ungarischen oder bayrischen Namen handelt. Es werden also in solchen Fällen zwar
einige wenige assoziative Grobstrukturen der Namensaura wirksam, diese aber
haben die genannten Namen mit einer so extrem hohen Zahl anderer Namen gemein, daß die Aussage der Versuchsergebnisse zwangsläufig allgemein
bleibt.

Eine andere methodische Notwendigkeit ist es sicherzustellen, daß die Vp.
durch die Anlage des Tests nicht in einem solchen Maß auf das Versuchsziel
hingewiesen werden darf, daß sie etwa auch durch rein logisches Kombinieren einen 'Treffer' erzielen kann. Wenn aber z.B. von den nebeneinanderstehenden Namen *Anton Schmalz* und *Anton Schmaltz* derjenige genannt werden
soll, dessen Träger für den diplomatischen Dienst geeigneter erscheint,
so ist diese Gefahr eindeutig gegeben. Der überzeugendere Weg wäre es in
diesem Fall gewesen, den Namen bei sonst identischer Versuchsanordnung einer Gruppe von Vpn. mit dem *t* und einer anderen Gruppe ohne das *t* vorzulegen und dann die Ergebnisse zu vergleichen, wie es überhaupt methodisch geratener erscheint, Schlüsse auf die mögliche Kollektivität des sprachlichen
Expressivitätsverständnisses erst nach dem Vergleich der Ergebnisse von
zwei oder mehr ausreichend großen, voneinander unabhängigen Gruppen von
Versuchspersonen zu ziehen.[1]

---

1 So notwendig mir diese Anmerkungen als Ergänzung zu den Rollentests erschienen, so wenig sind sie andererseits geeignet, die echte Pionierarbeit, die Gerhard Eis auf dem Gebiet der Namenpsychologie erbracht hat, in irgendeiner Weise zu beeinträchtigen.

2. Der Rollentest nach dem Zufallsprinzip

Ein Test, der diese Überlegungen berücksichtigt, wurde mit sechs verschiedenen Gruppen von Vpn. in Heidelberg und Speyer durchgeführt: einem germanistischen Oberseminar an der Universität Heidelberg mit 15 Personen (Sem. E.), zwei Unterprimen der Speyerer Edith-Stein-Schule für Mädchen mit je 21 Personen (UI A und UI B), zwei Obersekunden des Aufbaugymnasiums für Jungen mit 26 und 24 Personen (OII und OIIS) und einer Oberprima derselben Schule mit 20 Personen (OI), zusammen 127 Versuchspersonen. Es waren die zehn Namen *Bachle, Barck, Baumann, Haibt, Hirschel, Hoof, Langohr, Obreiter, Weber* und *Wittek* auf die zehn militärischen Dienstgrade

Schütze	Leutnant
Gefreiter	Hauptmann
Unteroffizier	Major
Feldwebel	Oberst
Fahnenjunker	General

zu verteilen. Die Namen stammen aus dem "Amtlichen Fernsprechbuch 19 für den Bezirk der Oberpostdirektion Karlsruhe 1963/1964". Sie wurden nach vorher festgelegtem Schlüssel[1] durch 'blindes' Aufschlagen des Buches gewonnen. Das Gesamtergebnis zeigt folgende Stimmenverteilung (die Namen werden aus Raumgründen auf je vier Buchstaben abgekürzt; Zahlen in %):[2]

	Bäch	Barc	Baum	Haib	Hirs	Hoof	Lang	Obre	Webe	Witt
Schütze	<u>17,3</u>	3,9	13,4	3,9	4,7	3,9	<u>42,5</u>	3,1	5,5	3,9
Gefr.	<u>28,9</u>	3,1	8,7	2,4	14,2	5,5	<u>15,8</u>	9,5	6,5	5,5
Uffz.	14,8	3,9	<u>16,5</u>	7,1	<u>18,9</u>	7,8	7,1	5,5	12,6	5,5
Feldw.	3,9	<u>13,3</u>	10,2	<u>14,2</u>	12,6	<u>13,3</u>	5,5	<u>15,8</u>	4,7	5,5
Fahnenj.	10,3	6,4	7,9	9,5	<u>15,0</u>	12,5	<u>15,0</u>	7,1	12,6	3,9
Leutn.	6,4	12,5	7,9	12,6	9,5	<u>18,7</u>	1,6	9,5	<u>13,4</u>	9,5
Hauptm.	6,4	<u>18,0</u>	3,9	<u>19,7</u>	6,3	9,4	3,9	15,0	11,0	4,7
Major	4,7	11,7	13,2	11,8	6,3	10,3	1,6	<u>16,5</u>	<u>17,3</u>	9,5
Oberst	2,3	7,8	<u>15,7</u>	13,2	7,9	8,6	5,5	6,5	<u>13,4</u>	<u>21,4</u>
General	5,5	<u>19,6</u>	4,7	7,9	4,7	10,3	1,6	11,8	3,1	<u>30,6</u>

(Die beiden höchsten Wertungen für jeden Namen sind unterstrichen.)

1 In diesem Fall: 5. Spalte, rechte Seite, 3. Position v.o.

Um zwei für den statistischen Vergleich ausreichend große Gruppen zu erhalten, wurden ohne Beachtung der Ergebnisse je drei der sechs Klassen zu zwei zahlenmäßig und strukturell möglichst adäquaten größeren Gruppen zusammengezogen, deren Ergebnistabellen die folgenden Werte zeigen:

Gruppe 1 (OI, OII S, UI A); 65 Vpn.

	Bäch	Barc	Baum	Haib	Hirs	Hoof	Lang	Obre	Webe	Witt
Schütze	15,4	4,6	15,4	3,1	4,6	3,1	44,7	3,1	3,1	3,1
Gefr.	29,2	3,1	12,3	3,1	15,4	6,2	13,8	4,6	7,7	4,6
Uffz.	16,9	6,2	13,8	6,2	21,6	9,2	7,7	3,1	10,8	4,6
Feldw.	4,6	12,3	6,2	16,9	9,2	9,2	4,6	18,5	6,2	6,2
Fahnenj.	13,8	4,6	7,7	10,8	15,4	13,8	13,8	6,2	10,8	3,1
Leutn.	6,2	16,9	9,2	9,2	9,2	18,5	1,5	10,8	10,8	7,7
Hauptm.	4,6	12,3	3,1	24,6	9,2	12,3	6,2	10,8	12,3	4,6
Major	3,1	12,3	6,2	9,2	3,1	10,8	3,1	21,5	18,5	12,3
Oberst	1,5	10,8	13,8	9,2	7,7	7,7	4,6	9,2	16,9	18,5
General	4,6	16,9	6,2	7,7	4,6	9,2	–	12,3	3,1	36,4

Gruppe 2 (Sem. Eis, OII, UI B); 62 Vpn.

	Bäch	Barc	Baum	Haib	Hirs	Hoof	Lang	Obre	Webe	Witt
Schütze	19,4	3,2	11,3	4,8	4,8	4,8	40,3	3,2	8,1	4,8
Gefr.	29,0	3,2	4,8	1,6	12,9	4,8	17,7	14,5	4,8	6,5
Uffz.	12,9	1,6	19,4	8,1	16,1	6,5	6,5	8,1	14,5	6,5
Feldw.	3,2	14,5	8,1	11,3	16,1	17,7	6,5	12,9	3,2	4,8
Fahnenj.	6,5	8,1	8,1	8,1	14,4	11,3	16,1	8,1	14,5	4,8
Leutn.	6,5	8,1	6,5	16,1	9,7	16,1	1,6	8,1	16,1	11,3
Hauptm.	8,1	24,2	4,8	14,5	3,2	9,7	1,6	19,4	9,7	3,2
Major	6,5	11,3	16,1	14,5	9,7	9,7	–	11,3	16,1	6,5
Oberst	1,6	4,8	17,7	12,9	8,1	9,7	6,5	3,2	9,7	24,2
General	6,5	22,6	3,2	8,1	4,8	11,3	3,2	11,3	3,2	25,8

Das erste wesentliche Vorhaben des vorliegenden Tests ist es, die allein aus der Verschiedenartigkeit der Physiognomien beliebiger Namen resultierende Unterschiedlichkeit ihres Prestigewertes in Bezug auf einen bestimmten sozialen Längsschnitt zu demonstrieren und die überindividuelle Stabilität dieser Prestigewerte zu beweisen. Zu diesem Zweck können die einzelnen Stufen der militärischen Hierarchie als die Positionen einer von 1 bis 10 reichenden Skala, eines Kontinuums also, aufgefaßt werden. So läßt sich dann bei beiden Vergleichsgruppen für jeden Namen die Durchschnittsposition an dieser Skala berechnen, indem man jede Positionszahl mit der Anzahl der Stimmen, die auf diese Position entfallen sind, multipliziert, die Resultate summiert und dann diese Summe durch die Anzahl der Vpn. dividiert. Wenn also beispielsweise bei einer Gruppe von 5 Vpn. drei den Namen *Bächle* der Rolle des Gefreiten (Position 2) zuordnen, eine dem Schützen (Pos. 1) und eine dem Hauptmann (Pos. 7), so wäre die Durchschnittsposition für *Bachle*

$$\frac{(3 \cdot 2)+(1 \cdot 1)+(1 \cdot 7)}{5} = 2,8$$

Zur Gewährleistung der Kontrolle über die folgenden Berechnungen dieser Art muß nun noch das Ergebnisschema mit den absoluten Stimmenzahlen für beide Vergleichsgruppen nachgetragen werden:

Gruppe 1

	Bäch	Barc	Baum	Haib	Hirs	Hoof	Lang	Obre	Webe	Witt
Schütze	10	3	10	2	3	2	29	2	2	2
Gefr.	19	2	8	2	10	4	9	3	5	3
Uffz.	11	4	9	4	14	6	5	2	7	3
Feldw.	3	8	8	11	6	6	3	12	4	4
Fahnenj.	9	3	5	7	10	9	9	4	7	2
Leutn.	4	11	6	6	6	12	1	7	7	5
Hauptm.	3	8	2	16	6	8	4	7	8	3
Major	2	8	4	6	2	7	2	14	12	8
Oberst	1	7	9	6	5	5	3	6	11	12
General	3	11	4	5	3	6	-	8	2	23

Gruppe 2

	Bäch	Barc	Baum	Haib	Hirs	Hoof	Lang	Obre	Webe	Witt
Schütze	12	2	7	3	3	3	25	2	5	3
Gefr.	18	2	3	1	8	3	11	9	3	4
Uffz.	8	1	12	5	10	4	4	5	9	4
Feldw.	2	9	5	7	10	11	4	8	2	3
Fahnenj.	4	5	5	5	9	7	10	5	9	3
Leutn.	4	5	4	10	6	10	1	5	10	7
Hauptm.	5	15	3	9	2	6	1	12	6	3
Major	4	7	10	9	6	6	-	7	10	4
Oberst	1	3	11	8	5	6	4	2	6	15
General	4	14	2	5	3	7	2	7	2	16

Bei den beiden Vergleichsgruppen ergaben sich (was anhand der oben aufgeführten Tabellen nunmehr leicht nachgeprüft werden kann) folgende Positionswerte (der Mittelwert bei einer von +1 bis +10 reichenden Skala ist +5,5):

Gruppe 1

Bäch	Barc	Baum	Haib	Hirs	Hoof	Lang	Obre	Webe	Witt
3,66	6,54	4,82	6,11	4,74	5,97	2,98	6,45	6,14	7,69

Gruppe 2

3,87	6,92	5,45	6,30	4,95	6,03	3,12	5,65	5,60	7,10

Der schon auf den ersten Blick ersichtliche hohe Grad an Übereinstimmung zwischen den beiden Gruppen wird durch die graphische Darstellung noch eindrucksvoller dokumentiert (s. Beiblatt 1, S. 22). Es werden hier von zwei voneinander unabhängigen Gruppen exakt die gleichen Muster in das Zufallsmaterial hineingezeichnet. Auch auf der statistisch an sich noch unzureichenden Ebene der einzelnen Klassen ergeben sich, wie Beiblatt 2, S. 23 zeigt, jeweils schon sehr hohe positive Korrelationen der einzelnen Klassendiagramme untereinander und zum Gesamtdiagramm. Besonders hoch ist die Korrelation zu diesem Durchschnittsdiagramm bei dem Oberseminar, was deshalb von Bedeutung ist, weil die Mitglieder des Seminars, wie überall an großen deutschen Universitäten, der landsmannschaftlichen Herkunft nach eine Art bundesrepublikanischen Querschnitt repräsentieren und so ein erstes Argument zur Erhärtung der Wernerschen These von der Nationalsprache als der Basis des Ausdrucksver-

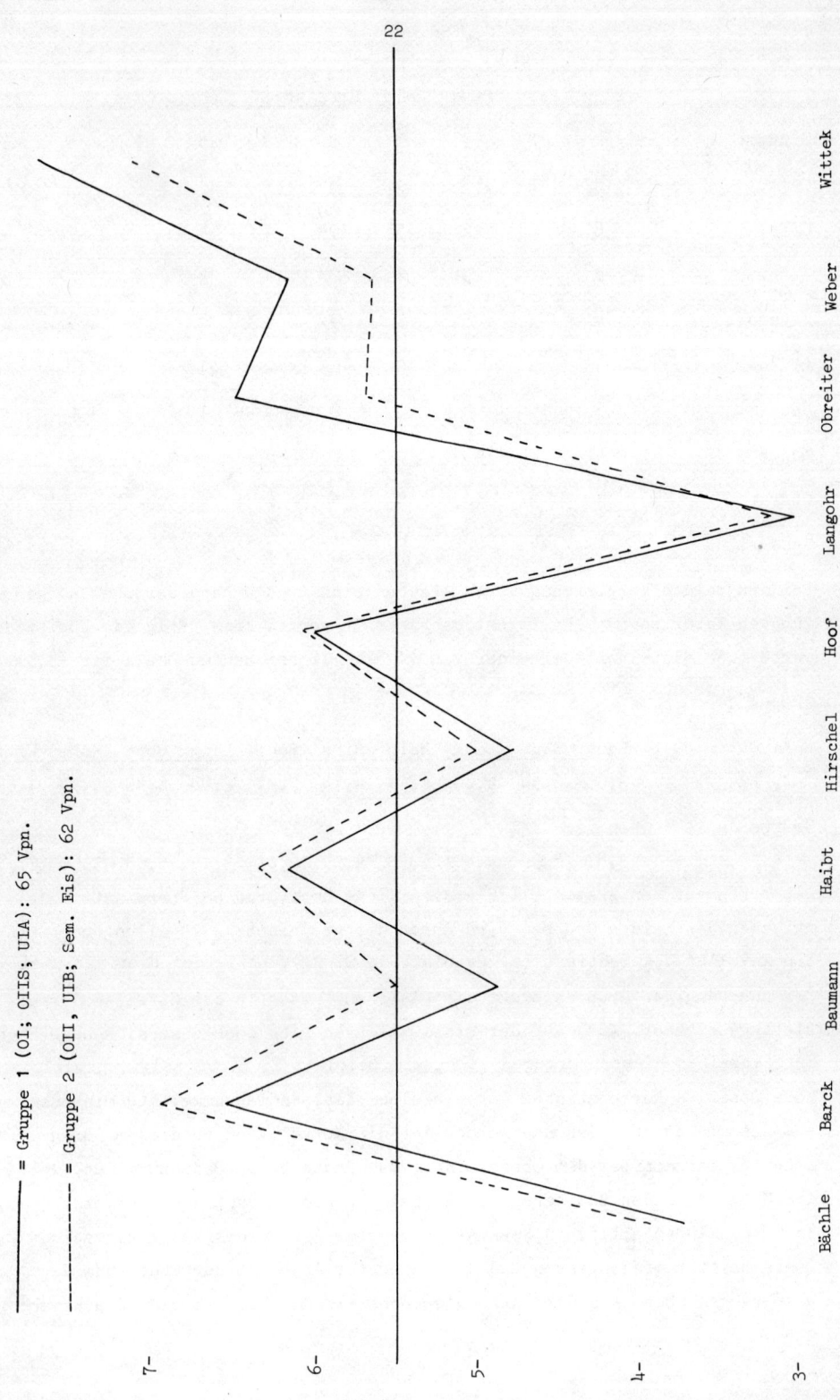

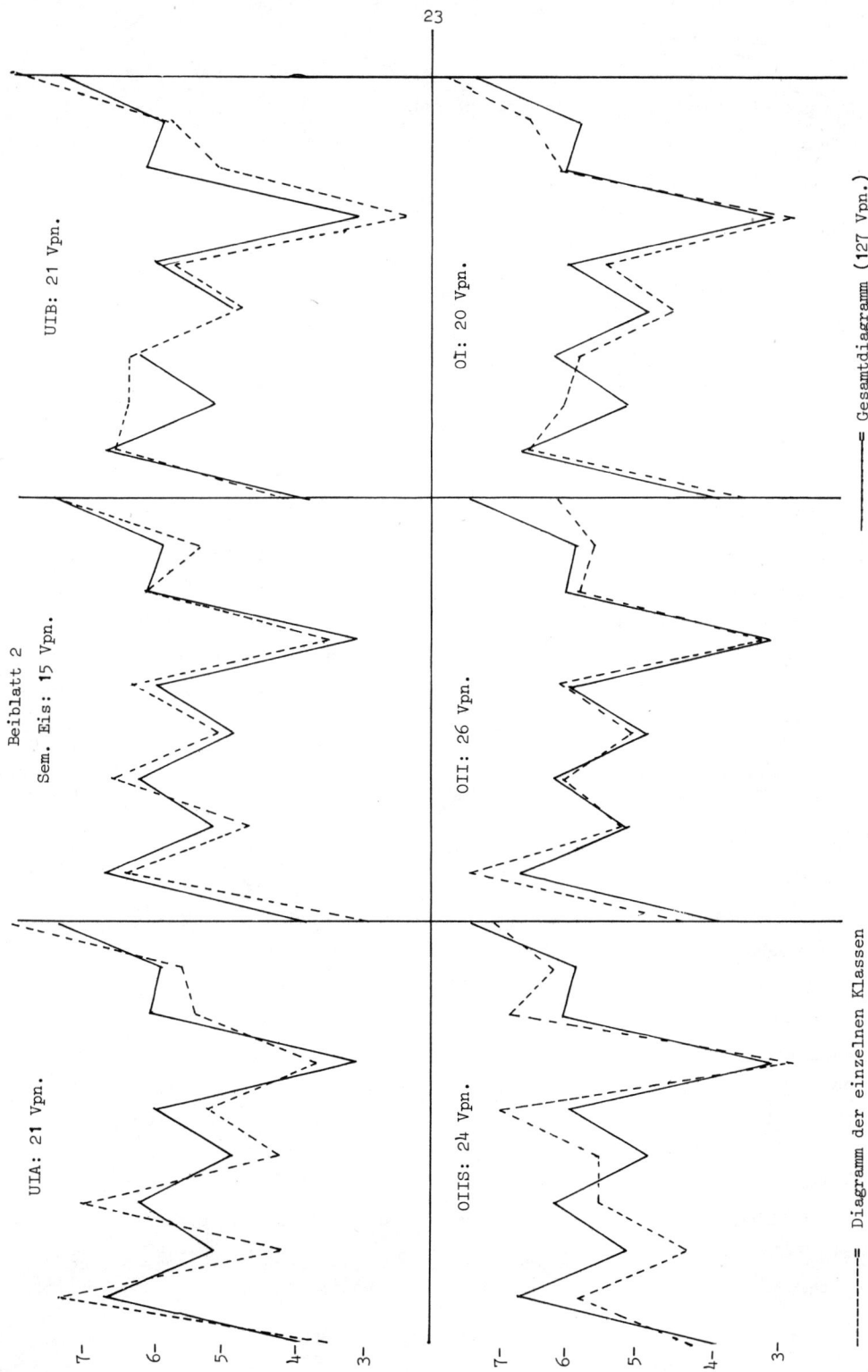

ständnisses liefern.

Auch die nach den Positionswerten sich ergebende absolute Rangfolge der Namen gestaltet sich bei beiden Gruppen sehr ähnlich:

Gruppe 1	Gruppe 2
Langohr	Langohr
Bächle	Bächle
Hirschel	Hirschel
Baumann	Baumann
Hoof ———— Weber / Obreiter	Hoof
Haibt	Haibt
Barck	Barck ———— Weber / Obreiter
Wittek	Wittek

Läßt man einmal die Namen *Weber* und *Obreiter* außer Betracht (die aber immerhin noch gemeinsam haben, daß sie bei beiden Gruppen sehr dicht aufeinander folgen und unter sich die gleiche Reihenfolge haben), so zeigen die anderen acht Namen bei den beiden Vergleichsgruppen genau die gleiche Rangfolge. Die Wahrscheinlichkeit, daß dieser Umstand etwa zufällig hätte eintreten können, erreicht in ihrer Kleinheit Lotterieausmaße. Sie beträgt[1]

$$\frac{1}{8! \ (8 \ \text{Fakultät})} = \frac{1}{40\ 320}$$

Bei der bisherigen Fragestellung ist das Problem unberücksichtigt geblieben, ob nicht womöglich eine solche militärische Dienstgradbezeichnung neben ihrem Positionswert in der Rangskala auch noch ein ganz spezifisches, unverwechselbares 'image' habe, das dann zusätzlich zu den oben dargestellten Verhältnissen und teilweise unabhängig von diesen mit der Aura bestimmter Namen mehr oder weniger stark korrelierte. Tatsächlich ergibt es sich aufgrund dieses Umstands, wie aus den Tabellen ersichtlich, des öfteren, daß ein Name gleichzeitig mehreren Dienstgraden besonders häufig zugeordnet wird, die in der Rangfolge z.T. weit auseinanderliegen, so wenn etwa *Barck* bei den Positionen Feldwebel (4.), Hauptmann (7.) und General (10.) seine Höchstwerte aufzuweisen hat, oder wenn *Langohr* bei dem ca. 60 % aller Stimmen auf die beiden niedrigsten Ränge entfallen, noch einmal einen

---

[1] Diese Berechnung habe ich Herrn Friedrich, wissenschaftl. Assistent am Heidelberger Institut für angewandte Mathematik, zu danken.

überraschenden Gipfel (15 %) bei der Position des Fahnenjunkers hat, während schon die beiden vorhergehenden Stufen mit 7,1 % und 5,5 % sehr deutlich darunter liegen.

Daß auch diese feinen Abschattierungen von verschiedenen, voneinander unabhängigen Gruppen von Vpn. noch auf ähnliche Weise empfunden werden, läßt sich durch einen mathematischen Vergleich der auf diese Weise bei beiden Vergleichsgruppen entstehenden Kurven für einen bestimmten Namen überzeugend nachweisen. Die Kurven für den Namen Langohr beispielsweise zeigen bei unseren Gruppen 1 und 2 folgenden Verlauf:

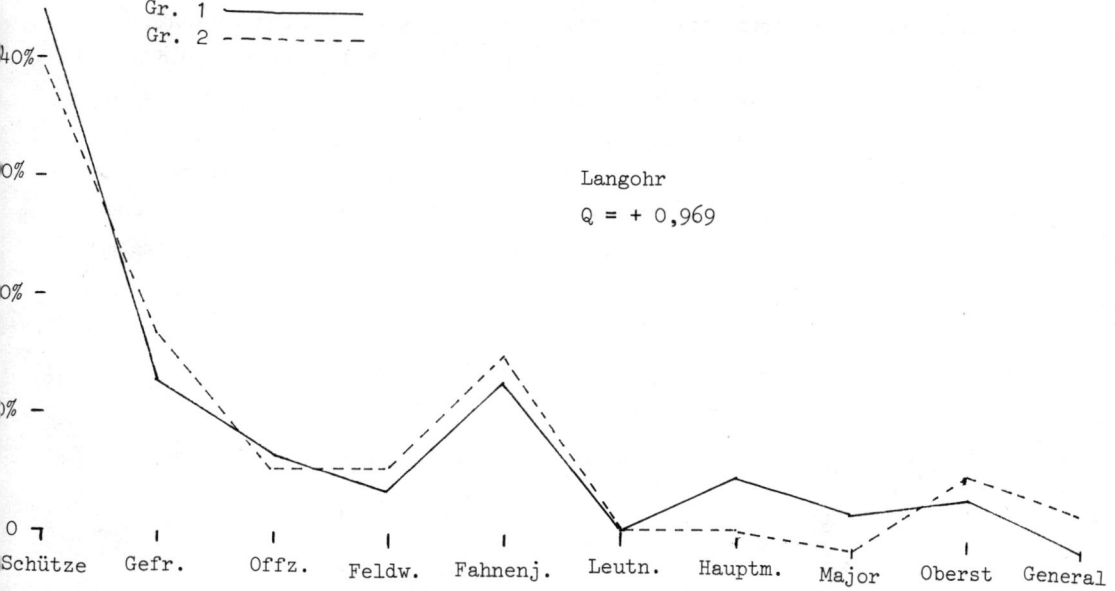

Der mathematische Korrelationswert Q für die beiden Kurven kann mittels der Formel

$$Q = 1 - \frac{K \sum_{i=1}^{K} (x_i - y_i)^2}{\sum_{a=1}^{K} \sum_{i=1}^{K} (x_{i+a} - y_i)^2}$$

in dem Bereich zwischen -1 und +1 festgelegt werden, wobei +1 die vollkommene Identität der Kurven bedeuten würde. Im vorliegenden Fall erreicht Q den durch den Augenschein der graphischen Darstellung bestätigten sehr hohen Wert von + 0,969.

Wegen der grundsätzlichen Bedeutung, die diesen Korrelationsberechnungen im Rahmen der vorliegenden Problematik zukommt und um auch für den Philologen, zu dessen Aufgaben der Umgang mit komplizierteren mathematischen Verfahrensweisen üblicherweise nicht gehört, die volle Überprüfbarkeit der gemachten Aussagen zu gewährleisten, soll der Verlauf der Rechenoperationen, die zu dem jeweiligen Korrelationswert Q führen, am Beispiel des Namens *Langohr* auf paradigmatische Weise einmal im einzelnen vorgeführt werden:

Die genannte Formel vergleicht, grob gesprochen, die Summe der Quadrate der bei jeder Kurvenposition auftretenden Differenz zwischen den beiden Kurvenwerten der Vergleichsgruppen mit dem Durchschnitt derjenigen auf dieselbe Weise errechneten Werte, die sich bei in diesem Fall 9-maliger Verschiebung (bei der zehnten wäre die Ausgangslage wieder erreicht) einer der beiden Kurven um je eine Kurvenposition ergeben.

(x_i und y_i stehen für die einzelnen Kurvenwerte bei Gruppe 1 und 2, K für die Anzahl der Kurvenpositionen, in diesem Falle zehn. Die quadrierten x_i-y_i bzw. x_{i+a}-y_i Werte werden nicht eigens angeführt. Es werden als Summe immer gleich die Summen der Quadrate - $\sum(x_i-y_i)^2$ bzw. $\sum(x_{i+a}-y_i)^2$ - gegeben.)

x_i	y_i	x_i-y_i	$x_{i+1}-y_i$	$x_{i+2}-y_i$	$x_{i+3}-y_i$	$x_{i+4}-y_i$
44,7	40,3	4,4	26,5	40,3	35,7	26,5
13,8	17,7	3,9	10,0	13,1	3,9	16,2
7,7	6,1	1,6	1,5	7,7	4,6	0,1
4,6	6,1	1,5	7,7	4,6	0,1	3,0
13,8	16,1	2,3	14,6	9,9	13,0	11,5
1,5	1,6	0,1	4,6	1,5	3,0	1,6
6,2	1,6	4,6	1,5	3,0	1,6	43,1
3,1	-	3,1	4,6	-	44,7	13,8
4,6	6,5	1,9	6,5	38,2	7,3	1,2
-	3,2	3,2	41,5	10,6	10,6	1,4
		89,3	2886,02	3557,0	3655,2	3159,9

$x_{i+5}-y_i$	$x_{i+6}-y_i$	$x_{i+7}-y_i$	$x_{i+8}-y_i$	$x_{i+9}-y_i$
28,8	34,1	37,2	35,7	40,3
11,5	14,6	13,1	17,7	27,0
3,0	1,5	6,1	38,6	7,7
1,5	6,1	38,6	7,7	1,6
16,1	28,6	2,3	8,4	11,5
43,1	12,2	6,1	3,0	12,2
12,2	6,1	3,0	12,2	0,1
7,7	4,6	13,8	1,5	6,2
1,9	7,3	5,0	0,3	3,4
10,6	1,7	3,0	0,1	1,4
4089,86	2496,78	3358,56	3367,78	2748,00

$$\sum_{a=1}^{10} \sum_{i=1}^{10} (x_{i+a}-y_i)^2 = 29\,408,44$$

$$\sum_{i=1}^{10} (x_i-y_i)^2 = 89,30$$

$$Q = 1 - \frac{10 \cdot 89,30}{29\,408,44} = 1 - 0,030365 = +0,9696$$

$$Q = \underline{\underline{+ 0,9696}}$$

Die auf dieselbe Art errechneten Korrelationen für die anderen Namen sind weniger hoch, aber ohne Ausnahme eindeutig positiv:

Bächle	+ 0,91
Barck	+ 0,60
Baumann	+ 0,47
Haibt	+ 0,58
Hirschel	+ 0,75
Hoof	+ 0,66
Langohr	+ 0,97

Obreiter   + 0,44
Weber   + 0,66
Wittek   + 0,88

Dabei ist noch zu beachten, daß hier bei der Festlegung der einzelnen Kurvenwerte, schematisch gesehen, durchschnittlich nur 12,7 Stimmen zur Auswirkung kommen können, während z.B. in jeden Wert der in Beiblatt 2 aufgeführten Kurve der durchschnittlichen Positionswerte 127 Aussagen einfließen. Wir sehen also hier die Verhältnisse sozus. mit 10-facher Vergrößerung. Es ist deshalb anzunehmen, daß die Werte statistisch noch nicht restlos ausstabilisiert sind und daß bei einer entsprechenden höheren Anzahl von Versuchspersonen sich noch höhere positive Korrelationen ergeben würden.

3. Der Charakteristik-Test

Eine Rolle wird wegen des ihr innewohnenden Elements der Abstraktion - ihre Träger sind beliebig austauschbar, während der Name seiner Definition nach den Einzelnen meint - immer nur einem bestimmten Aspekt der Aura eines Namens entsprechen können und auch dieser Teilaspekt wird beim Rollentest seiner Position im Gesamtkomplex der Namensaura nach nicht näher gekennzeichnet. Es sollte deshalb die Frage untersucht werden, ob nicht etwa auch eine ganz deutlich spezifizierte, direkt und ausschließlich von der Physiognomie eines bestimmten Namens ausgehende, individuelle Vorstellung vom Träger dieses Namens durch das Kollektiv in gewissem Maße nachvollzogen wird. Ein entsprechender Testbogen mit drei bewußt stark ins realistische Detail gehenden Kurzcharakteristiken hatte folgenden Wortlaut:

Setzen Sie bitte die Ihrem Gefühl nach am besten passenden Namen an den durch die Strichelung markierten Stellen ein (die Namen sind jeweils in alphabetischer Reihenfolge aufgeführt).

1.) _____, eine freundliche Sportlehrergestalt aus der der Entwicklungsabteilung der Firma, mit braunem Pullover und weichem Kraushaar von der nämlichen Farbe.

Franz Boxheimer, Uli Brugger, Wilhelm Ertel, August Forschner, Helmut Krümmer, Heinz Linde

2.) Schwester- - - - - - - - - - - , dürr, fad blond, mitten im Gesicht herrscht ein Bleizahn.

Agathe, Dorothea, Erika, Johanna, Luise, Ruth

3.) Als ich den glatzköpfigen Delikatessenindustriellen – – – – – – – – – sah, diesen kurzgliedrigen Mann mit den großen Fäusten, dem kurzen Hals und dem wulstigen und grobknochigen Gesicht.

Antritter, Braun, Florian, Frantzke, Kreibich, Rothmeier

Die Namen waren wiederum bis auf jeweils denjenigen, auf den die Charakteristik abzielte (1. *Uli Brugger,* 2. *Agathe,* 3. *Frantzke*) nach einem Zufallsprinzip aus dem Telefonbuch entnommen.[1]
Die drei Namen stammen sämtlich aus Martin Walsers Roman "Halbzeit"[2].
Uli Brugger wird dort beiläufig erwähnt und bleibt ohne nähere Kennzeichnung. Verfasser hat nun in der ersten Aufgabe versucht, seine eigene Vorstellung von einem fiktiven Träger dieses Namens möglichst präzise aufzuzeichnen. Die beiden anderen Charakterisierungen sind in ihren wesentlichen Teilen von Walser selbst formuliert.[3] Die Versuchspersonen waren dieselben wie beim Militärtest.

Gesamtergebnis:

1.) Franz Boxheimer   10 Stimmen   7,9 %
    Uli Brugger   71   "   55,9 %
    Wilhelm Ertel   3   "   2,4 %
    August Forschner   7   "   5,5 %
    Helmut Krümmer   9   "   7,1 %
    Heinz Linde   27   "   21,2 %

2.) *Agathe*   65   "   51,2 %
    Dorothea   18   "   14,3 %
    Erika   9   "   7,1 %
    Johanna   16   "   12,6 %
    Luise   16   "   12,6 %
    Ruth   3   "   2,4 %

---

[1] Bei den Aufgaben 1 und 3 aus dem schon erwähnten Heidelberger Buch von 1963/64, bei 2 aus dem von 1966/67. Die Schlüssel waren bei 1: 3. Sp., r.S., 5. Pos. v.o., bei 3: 4. Sp., 5. v.u.; bei 2 wurde bei jedem blinden Aufschlagen vom Anfang der linken Seite an der jeweils erste Frauenname genommen.
[2] Frankfurt 1960.
[3] S. 271 und 409, a.a.O.

3.) Antritter   5 Stimmen   3,9 %
    Braun   4   "   3,1 %
    Florian   11   "   8,7 %
    Frantzke   40   "   31,4 %
    Kreibich   50   "   39,4 %
    Rothmeier   17   "   13,4 %

Ergebnisse in den einzelnen Klassen:

	Sem.Eis	OI	OIIS	OII	UIA	UIB
Franz Boxheimer	1	3	1	4	–	1
Uli Brugger	10	9	7	13	17	15
Wilhelm Ertel	–	1	–	1	–	1
August Forschner	1	–	3	2	–	1
Helmut Krümmer	–	2	3	1	2	1
Heinz Linde	3	5	10	5	2	2
Agathe	10	10	6	6	19	14
Dorothea	–	3	5	6	1	3
Erika	2	2	1	4	–	–
Johanna	1	1	6	7	–	1
Luise	2	3	5	2	1	3
Ruth	–	1	1	1	–	–
Antritter	3	1	–	1	–	–
Braun	–	–	2	1	1	–
Florian	–	–	3	7	1	–
Frantzke	4	7	5	2	7	15
Kreibich	6	8	11	11	8	6
Rothmeier	2	4	3	4	4	–

Die Ergebnisse in den einzelnen Klassen sind hier so eindeutig und übersichtlich, daß sich Korrelationsberechnungen erübrigen. *Uli Brugger* ist mit Ausnahme einer Klasse, bei der er knapp von *Heinz Linde* überflügelt wird, bei Stimmenanteilen bis zu 81 % bei allen Gruppen überlegener Sieger. An zweiter Stelle folgt *Heinz Linde*, während *Wilhelm Ertel* als Letzter in keiner Klasse mehr als eine Stimme hat und von 127 überhaupt nur ganze 3 auf sich ziehen konnte. Auch *Agathe* ist in vier von sechs Fällen mit Werten bis zu **über** 90 % den anderen sehr weit voraus, während sie einmal mit *Luise* gleichauf liegt und einmal um einen Punkt von *Johanna* geschlagen wird. *Ruth* konnte, wie *Wilhelm Ertel* in der ersten Aufgabe, nur 3 von 127 Stimmen auf sich vereinigen. Im 3. Versuch führt *Kreibich*

in fünf von sechs Fällen mehr oder weniger knapp vor *Frantzke*. Auch hier ist
also ein Gleichverhalten der einzelnen Gruppen zu beobachten, obwohl die
Charakteristik an sich *Frantzke* gemeint hatte. Gerade in diesem Fall erweist
sich eindrucksvoll die Präzision und absolute Unbestechlichkeit der kollektiven Sensibilität für die Ausdruckswirkung der Namen.

4. Das Polaritätsprofil

Bei Rollentests handelt es sich ganz allgemein darum, eine mehr oder weniger
große positive Korrelation zwischen der Aura eines Namens und dem 'image' einer
Rolle nachzuweisen, d.h. es wird lediglich festgestellt, daß eine Qualität A
mit einer Qualität B bis zu einem gewissen Grade sich überschneidet, daß beide
Qualitäten gewisse gemeinsame Elemente enthalten müssen, wobei sich das quantitative Ausmaß dieser Überschneidungen niederschlägt, während weder die Artung
des tertium comparationis abgegrenzt noch über die Qualitäten A und B selbst
direkte spezifische Aussagen gemacht werden können. Auch beim Charakteristik-Test
wird nicht eigentlich die im Bereich der "unbewußten Prälogik"[1] angesiedelte
Reaktion auf die Suggestion von Namen selbst auf eine ihrer Eigenart gemäße
Weise erfaßt; behandelt wird vielmehr ein Vorgang auf einer ganz anderen Stufe
des psychischen Kontinuums, ein im Medium hochkonkreter Bewußtheit zu Sprache
geronnener Reflex der eigentlichen Suggestionswirkung. Der direkte Effekt der
Ausdruckswirkung von Worten aber sind vage synästhetische Irritationen der
niederen Bereiche der Psyche, die nur mit einem entsprechend unkronkreten,
offenen, metaphorischen Vokabular adäquat benannt werden können.
Im folgenden soll deshalb eine experimentelle Methode vorgeführt werden, die
diesem Umstand in hohem Maße entspricht und trotzdem in der Lage ist, mit einer
sonst auch nicht annähernd erreichbaren Genauigkeit Aussagen über "das Gebiet
der Eindrucks- oder Anmutungsqualitäten[2]" zu machen. Sie wurde in ihren wesentlichen Teilen von C.E. Osgood[3] entwickelt und ist von dem Hamburger Psychologen
Peter Hofstätter in variierter Form bei der Bestimmung der 'images' von Farben,
Gesichtsausdrücken, aber auch Lexemen des Deutschen mit gutem Erfolg angewendet
worden.

---

1 Peter R. Hofstätter, Farbsymbolik und Ambivalenz, in: Psycholog. Beitr.,
  2, 1956, S. 527.
2 Hans Christoph Micke, Die Bestimmung subjektiver Ähnlichkeiten mit dem
  semantischen Differential, in: Zs. f. exp. u. angew. Psychol. 9, 1963. S. 247.
3 The nature and measurement of meaning, in Psychological Bulletin 49. 1952,
  und Osgood, Suci, Tannenbaum, The measurement of meaning, Urbana 1957.

Das Polaritätsprofil, wie Hofstätter die Methode nennt, während Suitbert Ertel[1] den Begriff 'Eindrucksdifferential' vorzieht, besteht aus bspw. vierundzwanzig adjektivischen Gegensatzpaaren, die "als eine womöglich repräsentative Stichprobe aus dem Universum aller denkbaren Polaritäten aufzufassen sind"[2], die für "die Gesamtheit der metaphorischen Merkmale"[3] stehen sollen. Eine von 1 bis 7 reichende Skala bei jedem Gegensatzpaar mit dem Indifferenzpunkt bei 4 ermöglicht es der Versuchsperson, bei der Beurteilung eines Gegenstandes jeweils zu entscheiden, in welchem Grade das eine Adjektiv oder das andere für ihn charakteristisch ist.

Bei Versuchen in den genannten Speyerer Schulen und in verschiedenen Vorlesungen des Germanistischen und Psychologischen Seminars der Universität Heidelberg wurden von ca. 400 Versuchspersonen annähernd 1500 Polaritätsprofile für die verschiedensten Gegenstände, besonders Namen, aber auch Lexeme, Phoneme und sinnfreie Phonemsequenzen erstellt[4]. Ein Instruktionstext hatte den folgenden, z.T an Hofstätter[5] orientierten Wortlaut:

"Bitte beurteilen Sie die Ihnen vorgelegten Begriffe, Namen oder Laute: welchem der beiden Pole in den Gegensatzpaaren der beiliegenden Listen kommen sie jeweils näher?

Die meisten von uns denken z.B. bei einem Namen wie *Siegfried* an Dinge wie 'Drachenbezwinger', 'Waffengeklirr', 'Heldengesang' usw.; wir würden ihn daher in dem Gegensatzpaar:

- - - o - - -
Schwach o o o o o o o Stark
       1 2 3 4 5 6 7

mehr nach 'Stark' hin einreihen, also bei den Zahlen 6 oder 7. Ähnlich würden wir bei einem Begriff wie 'Kampf' verfahren. Ein Name wie *Fridolin Wimmerl* dagegen würde für viele von uns mehr nach dem Pol 'Schwach' tendieren, was einer Einordnung bei den Zahlen 3, 2, oder 1 entspräche. Aber auch bei Namen und Begriffen, bei denen eine solche Tendenz nicht so offenkundig ist oder auch bei bloßen Lauten, bei denen nur noch physiognomische Wirkungen ausschlaggebend sein können, lassen sich derartige Einordnungen vornehmen.

---

1 Suitbert Ertel, Standardisierung eines Eindrucksdifferentials, in: Zs. f. exp. u. angew. Psychologie, 12, 1965.
2 Hofstätter, a.O., S. 71
3 Micko, a.a.O., S. 247.
4 Eine Liste der 44 in den eigentlichen mit Hilfe der elektronischen Datenverarbeitung durchgeführten Großversuch aufgenommenen Gegenstände s.S. 47ff. Eine Versuchsperson hatte meist die Profile für mehrere Gegenstände zu erarbeiten. Für die Berechnungen des Kap.I der vorl. Arbeit wurden auch bei identischen Gegenstände die Ergebnisse anderer (früherer) Versuche verwendet als in Kap.II u. III.
5 Hofstätter, a.a.O., S. 72

In dieser Weise ersuchen wir Sie, den jeweils am Kopf einer Liste stehenden
Namen, Begriff oder Laut dort unterzubringen, wo er Ihnen hinzugehören scheint.
Kreuzen Sie bitte möglichst wenig den Indifferenzpunkt (4) an und lassen Sie
kein Gegensatzpaar aus. Wir danken Ihnen für Ihre Mitarbeit."

Das Polaritätsprofil ist ein hochdifferenziertes Instrument der experimentellen Psychologie und seine Leistungen sind vielfältig. Zu einer seiner einfachsten beinahe gehört die durch die genannten Versuche bestätigte Möglichkeit, es ebenfalls für den in diesem Kapitel interessierenden Nachweis der Kollektivität der namenphysiognomischen Eindrücke nutzbar zu machen.

Das geschieht im einzelnen durch den Vergleich der von zwei verschiedenen Gruppen von Versuchspersonen für denselben Namen gelieferten Profile, wobei die Einzelprofile innerhalb jeder Gruppe zu Mittelwerten für die einzelnen Polaritäten zusammengefaßt werden. Sie sollen in der Folge als x_i- bzw. y_i-Werte bezeichnet werden. Der mathematische Korrelationswert Q_{xy} wird in diesem Fall als sog. Pearson'sche Produkt-Moment-Korrelation errechnet; er liegt wie bei den Korrelationsberechnungen des Offizierstests im Intervall: $-1,00 \leq Q_{xy} \leq +1,00$. Bei einer Anzahl von 24 Polaritäten liegt seine statistische Zuverlässigkeitsgrenze auf dem 5 %-Niveau bei $\pm 0,40$. "Diese Grenze berücksichtigt jedoch den Stichprobencharakter der Polaritäten nicht; tatsächlich dürften auch noch kleinere Q-Werte in verläßlicher Weise von 0,00 verschieden sein".[1] Um die eindrucksvolle Leistungsfähigkeit des Polaritätsprofils bzw. die schon bei kleinsten Gruppen zu beobachtende hochgradige Wirksamkeit der kollektiven Intuition zu demonstrieren, sei eine solche Korrelationsberechnung zunächst anhand der Profile zweier sehr kleiner Klassen, - Oberprimen - von nur je 15 Mädchen vorgeführt. Die einzelnen Durchschnittswerte der beiden Klassenprofile für den Namen *Ulli Schöps* z.B. liegen, wie Beiblatt 3, S. 34 zeigt, nur bei zwei von 24 Polaritäten auf verschiedenen Seiten der Indifferenzachse bei 4. Dabei sind im Falle der Polarität 'Sanft - Wild' beide Werte dem Indifferenzpunkt so nahe, daß auch hier kaum von einer echten Opposition gesprochen werden kann. Lediglich bei dem Gegensatzpaar 'Klein - Groß' ist ein sehr deutliches Auseinanderklaffen der Bewertung zu bemerken. Dieser Umstand ist angesichts der bei allen anderen Polaritäten vorherrschenden hochgradigen Übereinstimmung so überraschend, daß sich die Frage aufdrängt, ob sich hier nicht etwa - was leider nicht nachgeprüft werden konnte - der Einfluß der persönlichen Bekanntheit mit einem besonders großen Ulli - etwa im Rahmen einer Tanzstunde o.ä. - bei der ersten Klasse auswirkt, wenn man davon

---

[1] Hofstätter, a.a.O., S. 73.

Beiblatt 3

<u>Ulli Schöps</u>

Klasse 1 ———
Klasse 2 - - - - -

| | | hoch – tief | schwach – stark | rauh – glatt | aktiv – passiv | leer – voll | klein – groß | kalt – warm | klar – verschwommen | jung – alt | sanft – wild | krank – gesund | eckig – rund | gespannt – gelöst | traurig – froh | leise – laut | feucht – trocken | schön – häßlich | frisch – abgestanden | feig – mutig | nahe – entfernt | veränderl. – stetig | liberal – konserv. | seicht – tief | gut – schlecht |

ausgehen will, daß die Namensform *Ulli* normalerweise nicht in besonderem Maße mit der Qualität "groß" in Verbindung gebracht wird (vgl. u. S. 105).
Im Überblick ergeben die einzelnen Werte für diesen Namen bei beiden Klassen folgendes Bild:

	x_i (Klasse 1)	y_i (Klasse 2)	
Hoch	3,14	2,80	Tief
Schwach	3,87	3,60	Stark
Rauh	4,94	4,80	Glatt
Aktiv	2,66	3,60	Passiv
Leer	4,86	4,53	Voll
Klein	5,06	3,13	Groß
Kalt	4,66	4,78	Warm
Klar	3,48	3,47	Verschwommen
Jung	1,87	1,53	Alt
Sanft	4,06	3,87	Wild
Krank	6,06	5,67	Gesund
Eckig	4,24	4,33	Rund
Gespannt	4,80	4,67	Gelöst
Traurig	6,00	5,53	Froh
Leise	4,66	4,40	Laut
Feucht	4,26	4,53	Trocken
Schön	2,93	3,80	Häßlich
Frisch	2,20	2,13	Abgestanden
Feig	4,80	4,47	Mutig
Nahe	3,20	3,73	Entfernt
Veränderlich	3,00	3,53	Stetig
Liberal	2,53	3,33	Konservativ
Seicht	3,93	3,33	Tief
Gut	2,93	3,13	Schlecht

Der mathematische Korrelationswert für die beiden Profile wird mit Hilfe der Formel

$$Q_{xy} = 1 - \frac{\triangle^2_{xy}}{2}$$

berechnet. Bei dieser von Osgood und Suci[1] und Cronbach und Gleser[2]

---
1 Osgood, C. E., und G. J. Suci, A measurement of relation determined by both mean difference and profile similarity, in: Psychol. Bulletin 49, 1952.
2 Cronbach, L. J., und Gleser, Assessing similarity between profiles, in: Psychol. Bulletin 50, 1953.

abgeleiteten Formel wird jedes Profil als ein Punkt in einem k-(in diesem Fall 24) dimensionalen Raum gedeutet. Zwischen den beiden Profilen, bzw. zwischen den ihnen entsprechenden Raumpunkten ergibt sich die geometrische Distanz

$$D^2_{xy} = \sum d^2_{xy}, \text{ wobei } d_{xy} = (x_i - y_i)$$

$$\Delta^2_{xy} = \frac{D^2_{xy} - k(M_x - M_y)^2 - (S_x - S_y)^2}{S_x \cdot S_y}$$

M_x und M_y sind dabei die Durchschnittswerte (aus den Mittelwerten der einzelnen Polaritäten) der Profile der Klassen 1 und 2. S_x und S_y sind die entsprechenden Dispersionen der Profile:

$$S_x = \sqrt{\sum (x_i - M_x)^2} = \sqrt{\sum x_i^2 - \frac{(\sum x_i)^2}{k}}$$

x_i^2	y_i^2	$(x_i - y_i)$	$(x_i - y_i)^2$
9,9	7,8	0,34	0,12
15,0	13,0	0,27	0,07
24,4	23,0	0,14	0,02
7,1	13,0	0,94	0,88
23,6	20,5	0,33	0,11
25,6	9,8	1,93	3,73
21,7	22,8	0,12	0,01
12,1	12,0	0,01	0,00
3,5	2,3	0,34	0,12
16,5	15,0	0,19	0,04
36,7	32,1	0,39	0,15
18,0	18,8	0,09	0,01
23,0	21,8	0,13	0,02
36,0	30,6	0,47	0,22
21,7	19,4	0,26	0,07
18,2	20,5	0,27	0,07
8,6	14,4	0,87	0,76
4,8	4,5	0,07	0,00
23,0	20,0	0,33	0,11
10,2	13,9	0,53	0,28

x_i^2	y_i^2	$(x_i - y_i)$	$(x_i - y_i)^2$
9,0	12,4	0,53	0,28
6,4	11,1	0,80	0,64
15,4	11,1	0,60	0,36
8,6	9,8	0,20	0,04

$397,0 = \sum x_i^2$; $379,6 = \sum y_i^2$ $\sum d_{xy}^2 = D_{xy}^2 = 8,11$;

$\sum x_i = 94,15$ $\qquad \sum y_i = 92,69$

$(\sum x_i)^2 = 8861,2$ $\qquad (\sum y_i)^2 = 8591,4$

$S_x = \sqrt{397 - \frac{8861,2}{24}}$ $\qquad S_y = \sqrt{379 - \frac{8591,4}{24}}$

$S_x = \sqrt{27,9} = 5,28$ $\qquad S_y = \sqrt{21,7} = 4,66$

$M_x = \frac{94,15}{24} = 3,94$ $\qquad M_y = \frac{92,69}{24} = 3,86$

$$\triangle_{xy}^2 = \frac{8,11 - 24(3,94 - 3,86)^2 - (5,28 - 4,66)^2}{(5,28) \cdot (4,66)}$$

$\triangle_{xy}^2 = 0,307$

$$Q_{xy} = 1 - \frac{0,307}{2} = +0,85$$

Um diese Methode auch einmal negativ auf die Probe zu stellen, wurde das Profil der ersten Klasse für den Namen *Ulli Schöps* mit dem Profil derselben Klasse für einen beliebigen anderen Namen, in diesem Fall *Ignaz Wrobel*, verglichen (s. graphische Darstellung auf Beiblatt 4, S. 38). Das Ergebnis brachte einen Korrelationswert nahe bei ± 0, nämlich Q = +0,05.
Andere Korrelationen zwischen den Profilen verschiedener Gruppen für denselben Namen ergaben die Werte 0,73 (OI:UI A) bei *Ignaz Wrobel*, 0,80 (UI, Hum. Gym.:UI B) bei *Josef Bumba*, 0,67 (UI A:UI B) bei *Carl-Gideon Claer*, 0,85 (UI,Hum.Gym.:OI) bei *Johann Friedrich Reinersdorff*. Eine besonders hohe Stabilität der Bewertung zeigt der Vergleich der Profile zweier Gruppen eines romanistischen Mittelseminars bei den sinnfreien Phonemsequenzen *olobo* und *fataka* mit den Q-Werten 0,98 und 0,99.
Es hat sich anhand der dargestellten Methoden zeigen lassen, daß die Physiognomien von Namen innerhalb einer Sprachgemeinschaft gleichartig empfunden und bewertet werden, was offenbar auf die Existenz einer Art von kollektiver

Beiblatt 4

Ulli Schöps ————
Ignaz Wrobel ‐ ‐ ‐ ‐ ‐ ‐ ‐

	Merkmal	1	2	3	4	5	6	7
1	hoch – tief							
2	schwach – stark							
3	rauh – glatt							
4	aktiv – passiv							
5	leer – voll							
6	klein – groß							
7	kalt – warm							
8	klar – verschwommen							
9	jung – alt							
10	sanft – wild							
11	krank – gesund							
12	eckig – rund							
13	gespannt – gelöst							
14	traurig – froh							
15	leise – laut							
16	feucht – trocken							
17	schön – häßlich							
18	frisch – abgestanden							
19	feig – mutig							
20	nahe – entfernt							
21	veränderl. – stetig							
22	liberal – konserv.							
23	seicht – tief							
24	gut – schlecht							

Intuition zurückzuführen ist, deren psychische und sprachliche Strukturen aufzuhellen, Aufgabe des folgenden Kapitels sein wird. Gleichzeitig konnte in Ergänzung zu Hofstätters Begriffsanalysen erwiesen werden, daß auch das von allen lexikalischen Elementen freie sprachliche Zeichen, wie es uns in einer bestimmten Klasse von Personennamen oder sinnfreien Phonemsequenzen entgegentritt, vom Kollektiv in übereinstimmender Weise 'verstanden' wird.

II. STRUKTUREN DES EXPRESSIVEN UMFELDS DES SPRACHLICHEN ZEICHENS

Nachdem im vorangegangenen Kapitel mit Hilfe quantitativ-statistischer Methoden die Kollektivität des Verständnisses expressiver sprachlicher Qualitäten nachgewiesen werden konnte, ist es nun an der Zeit, den Versuch zu machen, zu einer qualitativen Klärung dessen zu kommen, was bisher, der allgemeinen - nicht nur terminologischen - Unsicherheit der sprachlichen Expressivitätsforschung entsprechend, fakultativ expressives Umfeld, Aura, Physiognomie, Suggestion etc. genannt worden war.

Ausgehend von der Annahme, daß der psycho-physische Organismus auf jeden Reiz in allen seinen Schichten respondiert, kann bei der Gliederung des expressiven Sprachumfelds zunächst ein mehr unbewußter, im eigentlichen Sinne physiognomischer Anteil von einem mehr bewußten, assoziativen unterschieden werden, wobei aber, entsprechend der Struktur der Psyche als eines von den körpernahen, intuitiven bis hin zu den bewußten, kognitiven Bereichen sich spannenden Kontinuums[1], keine scharfe Trennlinie gezogen werden kann, sondern an einen fließenden Übergang gedacht werden muß.

Diese Voraussetzung bedingt im Interesse einer sachgerechten Interpretation von sprachlichen Ausdrucksphänomenen die Notwendigkeit, ein integriertes System der sprachlichen *und* psychischen Bedingungen des Zustandekommens des expressiven Umfelds zu erarbeiten.

A. Das Raummodell der Primärkonnotationen im sprachlichen Bereich

Weiter unten wird gezeigt werden, daß linguistische Methoden mit großem Nutzeffekt zur Analyse des expressiven Sprachfelds herangezogen werden können. Dennoch kann mit ihrer Hilfe nur ein bestimmter, bewußtseinsintensiverer Aspekt des sprachlichen Ausdrucksphänomens erfaßt werden. Ein anderer, womöglich noch bedeutenderer, der eigentliche Gestaltfaktor, bleibt dabei weitgehend unberücksichtigt.

Diese Gestaltqualitäten sind "nicht Abgeleitetes" mehr, sondern das

---

[1] Bei Jung findet sich der Vergleich des Sonnenlichtspektrums mit seinem roten und seinem blauen Ende.

eigentliche 'Gesicht' des Sprachzeichens, erlebt in unmittelbarer, "ursprünglicher Anschauung".[1] Das psycho-physische Substrat für dieses Erlebnis ist eine "vital-körperliche Empfindungssphäre", deren Merkmal die Einheit der (über die Sprechorganik wirksamen) taktilomotorischen, der optischen und akustischen Bereiche ist.

Diese physiognomischen Eigenschaften, um den Terminus im Sinne Heinz Werners[2] endgültig zu übernehmen, spielen naturgemäß bei den Namen, besonders bei unmotivierten (de Saussure) eine größere Rolle als bei Appellativen, bleiben aber auch für das von rationaleren Elementen durchsetzte expressive Umfeld eines vollwertigen Wortes von entscheidender Bedeutung. Werner weist nach, daß "vor der begrifflich-sachlichen und zeichenhaften Erfassung der Wörter das empfindungsmäßige, gesichthafte, ausdruckhafte Erlebnis das primäre ist."[3]

1. Aktualgenetische Wortuntersuchungen

Diese wichtige Erkenntnis wurde vor allem anhand von experimentellen Untersuchungen der Genese der Wahrnehmung, sog. aktualgenetischen Versuchen, belegt, bei denen es darauf ankommt, auf die eine oder andere Weise die vorrationalen Frühstadien der Wahrnehmung sichtbar werden zu lassen. Das kann z.B. mit Hilfe eines Tachistoskops geschehen, eines Geräts, das eine sehr kurzzeitige (z.B. 1/50 sek.) Exposition von bestimmten Gegenständen, etwa Wörtern, erlaubt und dadurch die Möglichkeit bietet, den Wahrnehmungsprozeß sozus. an jedem beliebigen Punkt zu unterbrechen. Aufgrund der jeweiligen selbstanalytischen Aussagen der Versuchspersonen - wohlgemerkt, bevor sie in der Lage sind, das vorgeführte Wort gänzlich zu entziffern - läßt sich dann ein Bild gewinnen von den "frühen Anmutungen"[4], den noch unverfestigten, synästhetischen Reaktionen endothymer Seelenschichten auf das Gesicht des Wortes.

Aus einer größeren Anzahl von Beispielen, die Werner für dieses Verfahren bietet, seien hier nur einige herausgegriffen:[5] So wird etwa die Wortgruppe *sanfter Wind* exponiert, die von der Vp. erst bei der 5. Darbietung sicher gelesen wird. Das Versuchsprotokoll hat folgenden Wortlaut:

---

1 Heinz Werner, Referat auf dem internationalen psychologischen Kongreß 1926 "Über physiognomische Wahrnehmungsweisen und ihre experimentelle Prüfung", zitiert bei Reinhard Krauss, "Über graphischen Ausdruck", Beiheft 48 zur Zeitschrift f. angew. Psych.
2 Die Rolle der Sprachempfindung im Prozeß der Gestaltung ausdrucksmäßig erlebter Wörter, in: Zs. f. Psych. 117, 1930.
3 A.a.O., S. 242.
4 Bernt Spiegel, Werbepsychologische Untersuchungsmethoden, Berlin 1958.
5. Werner, a.a.O., S. 242, S. 245 und S. 252.

1. ? Wind		Was vor Wind stand, empfand ich wie ein Adjektiv zur näheren Bestimmung des Windes, es war wie 'warmer' oder dergl. Keineswegs war es eine Bezeichnung der Richtung oder dergl.
2. ter Wind		Weiß jetzt, daß das erste Wort ziemlich viel schwerer ist als 'warmer' ... Es sieht auch irgendwie abstrakter aus.
3. ...cher Wind		Würde jetzt auf Richtungsadjektiv schließen.
4. ...ter Wind		Scheint mit jetzt doch wieder konkreter, sinnlicher zu sein, *sieht mich an und sieht aus wie 'weicher Wind'*, aber das ter oder cher ist mir im Wege.
5. sanfter Wind		Jetzt ganz deutlich 'sanfter' gelesen, nicht überrascht, habe es *schon vorher eigentlich in seiner charakteristischen Empfindungs- und Anschauungsfülle gehabt*.

Dazu kommentiert Werner: "Zu dem Ganzen des Versuchs ist zu sagen, daß die Vp. in den ersten Projektionen die flüchtigen Bilder in einem Gefühl erlebt hat, welches eine eigentliche Trennung von subjektiver Empfindung und **objektivem** Sein des Wortes nicht gestattet. So berichtet sie, daß ihr bei der ersten Darbietung sozusagen 'warm ums Herz' geworden sei, ohne daß sie unterscheiden konnte, ob es sich um Wärme des Gegenstandes oder seiner Wirkung gehandelt habe. Das Begriffswort, der Eigenschaftsname 'sanft' kristallisiert sich also nicht aus einem Begriffsfragment, sondern aus einem Ausdruckserlebnis, das über 'warm' und 'weich' die spezifische, sprachlich vorgegebene Form erreicht."

Ein weiterer Versuch nimmt folgenden Verlauf (Exponiert ist *schwirren*):

1. irr		Meine, ein Verb gesehen zu haben und zwar in der Nennform. Davor etwas, was mit dem Tun im Sinne des Objekts verbunden ist.
2. wirren		Das Ganze scheint mir mit Tieren zu tun zu haben. Kann nicht sagen, wieso, da ich gar nicht einsehen kann, was wirren, das noch eine Vorsilbe zu haben scheint, damit zu tun hat.
3. schwirren		Ach so! Natürlich können davor 'Tiere' sein.

Eine andere Versuchsperson, der **die** Verben *ächzen*, *schwirren* dargeboten werden, erkennt schon bei der ersten Exposition die innere Dynamik des

des Wortes *schwirren*. Obwohl sie nur "zwei lange Gestalten" gesehen hat, ist es ihr, "als hätte die letzte Gestalt etwas Vibrierendes." Sicher gelesen wurde das Wort erst bei der zehnten Exposition.

Diese Versuche wurden deswegen so relativ eingehend behandelt, weil der aktualgenetische Nachweis des Primats der physiognomischen Erfassung eines Sprachzeichens vor der begrifflichen eine wichtige Legitimation abgibt für die in der vorliegenden Arbeit vertretene Aufgliederung des expressiven Sprachumfelds in einen physiognomischen und einen assoziativen Anteil. Denn daß es sich hierbei um distinkte Bereiche handelt, geht nunmehr schlüssig aus der Tatsache hervor, daß sich ja der assoziative Anteil erst *nach* der begrifflichen Erfassung des Sprachzeichens konstituieren kann, da das Innewerden der konkreten morphologischen und lexikalischen Elemente eines Wortes oder Namens die unabdingbare Voraussetzung für das Entstehen von Assoziationen oder Assoziationsketten ist, während offenbar die physiognomische Intuition auf eine noch keineswegs restlos geklärte Weise auch unabhängig davon aktiviert werden kann.[1]

Der Werner'sche Physiognomiebegriff scheint mir auch heute noch tragfähig zu sein und besonders seine grundsätzliche Interpretation des Wahrnehmungsprozesses mit ihren für die vorliegende Problematik wichtigen Konsequenzen kann guten Gewissens übernommen werden, da sie auf empirische Weise belegt werden kann. Wünschenswert wäre allerdings zusätzlich eine Quantifizierung der Aussagen der Vpn. über ihre physiognomischen Eindrücke, was jedoch schon wegen der Umständlichkeit des tachistokopischen Verfahrens, das für Großserien nicht geeignet ist, mit aktualgenetischen Methoden kaum zu erreichen sein dürfte.

2. Die Theorie der PP-Methode

In dieser Situation bietet sich die Methode des Polaritätsprofils nach Hofstätter, deren Technik in anderem Zusammenhang schon beschrieben wurde, beinahe von selbst an und kann zwanglos zur Ergänzung herangezogen werden, da sie einmal, wie zu zeigen **sein** wird, eine der Werner'schen Konzeption recht ähnliche theoretische Ausgangsbasis besitzt und darüberhinaus alle Vorteile eines statistisch-messenden Vorgehens bietet. Hofstätter geht in seiner Theorie ebenfalls davon aus, daß sich das eigentliche physiognomische

---

[1] Vgl. die Diskussion um die Aktualgenese in der neueren Literatur, bes. die einschlägigen Aufsätze in Zs. exp. angew. Psychol. 6 (1959) von Graumann, Volkelt, Linschoten, Böhm, Voigt, Witte, Scharmann und Derbolad.

Erlebnis im Rahmen einer sehr einfach strukturierten Ordnung von, wie er es nennt, "primitiven Konnotationen"[1] abspielt, die *von bewussteren Vorgängen weitgehend unabhängig sind*. "Die Erfahrungen der Tiefenpsychologie legen ... den Schluß nahe, daß dieses einfach strukturierte System der Konnotativ-Kategorisierung in unserem Erleben wirksam bleibt[2], obwohl es im wachen Denken und Sprechen durch das sehr viel reicher strukturierte Netz der Denotativ-Kategorisierung überlagert wird ... Gerade im Bereich des menschlichen Ausdrucks halte ich es darum für sehr wahrscheinlich, daß die *primitiven Konnotationen und deren einfache Struktur entscheidend und weitgehend* vom Denotativsystem unbeeinträchtigt bleiben."[3,4] Das System dieser Primärkonnotationen wird dabei als in der Hauptsache von nur zwei voneinander unabhängigen Dimensionen bestimmt gesehen, die als positive und negative Zuwendung interpretiert werden.

Auf dieser Basis versucht die Methode des Polaritätsprofils (PP) nun nichts Geringeres, als die beim physiognomischen Erlebnis relevanten psychischen Prozesse, ja geradezu die dabei ablaufenden Operationen des Neuronensystems in einem mathematischen Modell nachzubilden. Hofstätter "wagt" die Behauptung, "daß die Methode des Polaritätsprofils als eine explizite Reproduktion von Kategorisierungsprozessen anzusehen ist, die in menschlichen Gehirnen vor sich gehen ... Daß auf diese Weise letztlich ein Rechenmaschinenmodell des Gehirngeschehens entwickelt wird, dürfte uns wohl heute weniger erschrecken als noch vor einigen Jahren."[5] Letztere Bemerkung zeigt deutlich, daß Hofstätter sich des Ausmaßes des hier manifestierten Anspruchs bewußt ist, doch hat die Methode in einer inzwischen recht ausgedehnten Praxis diesem Anspruch allem Anschein nach entsprochen und es dürfte deswegen wohl auch nicht verfrüht sein, sie nunmehr auch auf linguistischem Gebiet anzuwenden, zumal das von der Strukturalistik entwickelte Modell der linguistischen Universalien mit der für sie postulierten direkten Abhängigkeit von der apperzeptiven Konstitution des Menschen – letzlich also von neurophysiologischen Prozessen – der dargestellten Konzeption der PP-Methode deutlich entgegenkommt.

---

1 Hier wird, auch im Blick auf die Aktualgenese, der Terminus 'Primärkonnotation' vorgeschlagen.
2 Hofstätter verweist in diesem Zusammenhang auf Erkenntnisse über das Ausdrucksverhalten des Kleinstkindes, die von K. M. B. Bridges, A genetic theory of emotions, J. genet. Psychol., 37, 1930, 514-527, vorgelegt wurden.
3 Peter R. Hofstätter, Dimensionen des mimischen Ausdrucks, Zs. f. exp. u. angew. Psychol., 3, 1956, S. 523.
4 Hervorhebung durch Verf.
5 A.s.O., S. 524.

3. Die Methode des Polaritätsprofils

Die Analyse der Versuchsergebnisse geht bei der PP-Methode auf drei verschiedenen Ebenen vonstatten:

1. Die Diskussion des für den einzelnen Beurteilungsgegenstand von einer größeren Gruppe von Versuchspersonen gelieferten Profile, wobei bei jeder Polarität die Gruppenmittelwerte eingesetzt werden.

2. Die sog. Affinitätsanalyse, deren rechnerisches Verfahren schon im ersten Kapitel dargestellt wurde, nur daß dort im Rahmen des Kollektivitätsnachweises die Profile verschiedener Gruppen für denselben Gegenstand verglichen wurden, während bei der qualitativen Interpretation die Ähnlichkeitskorrelation zwischen den Profilen verschiedener Beurteilungsgegenstände ermittelt wird. Auf diese Weise können Antworten auf Fragen gegeben werden, die den Vpn. niemals direkt gestellt worden sind. Wenn das Profil für einen Namen erstellt wird, so enthält der Polaritätenkatalog z.B. nicht die Frage, ob der Name der Versuchsperson 'intelligent' vorkommt oder nicht. Durch den Vergleich des Namensprofils mit dem von einer anderen Gruppe erstellten Profil für 'Intelligenz' kann hierauf aber eine eindeutige Antwort gegeben werden.

3. Die Faktorenanalyse, die es, wenn auch über den Weg sehr komplizierter mathematischer Operationen,[1] ermöglicht, jeden beliebigen Gegenstand in dem angedeuteten System der Primärkonnotationen exakt zu orten.[2]

---

[1] Eine gründliche Einführung in die Techniken der Faktorenanalyse vermittelt: Hofstätter-Wendt, Quantitative Methoden der Psychologie, München 1966. S. 189ff.
[2] Die statistische Basis für die drei aufgeführten Ebenen der Analyse ist verschieden groß. Bei der Profilanalyse fließen (im Falle der vorliegenden Untersuchungen) durchschnittlich 25 Aussagen (von 25 Vpn.) in den Wert jeder Einzelpolarität ein. Bei der Affinitätsanalyse repräsentiert jeder Q-Wert 25 (Vpn.) mal 24 (Polaritäten) mal 2 (korrelierte Gegenstände) = 1200 Aussagen. Bei der Faktorenanalyse sind es, da eine Interkorrelation sämtlicher Gegenstände durchgeführt werden muß, 25 mal 24 mal 44 (eingeführte Gegenstände) = 26 400 Aussagen für jeden Positionswert.

Wegen der erwähnten mathematischen Schwierigkeiten bei solchen Faktorenanalysen und dem damit verbundenen immensen Arbeitsaufwand empfahl es sich, für einen Teil dieser Arbeit elektronische Rechenautomaten heranzuziehen. So wurden knapp 1100 in verschiedenen Heidelberger Universitätsinstituten erarbeitete Profile im Deutschen Rechenzentrum in Darmstadt ausgewertet, für dessen leistungsfähige Anlage seit einiger Zeit ein eigenes Programm zur Methode des PP existiert. Es wurden insgesamt 44 Beurteilungsgegenstände, Wörter, Namen, Silben, sinnfreie Phonemsequenzen und Einzellaute in die Faktorenanalyse eingeführt (s.S. 47 - 55).[1]

Das Material für die erste der drei erwähnten Diskussionsebenen sind die Profile für die einzelnen Gegenstände selbst mit ihren Werten für die einzelnen Polaritäten. Sie werden als Gruppenmittelwerte in den folgenden Tabellen wiedergegeben:[2]

---

[1] Dabei sind die Appellative, um Vergleiche mit Hofstätters 'Hauptebene der emotionalen Konnotationen' zu ermöglichen, aus dessen Listen übernommen worden. In die Gruppe der zu untersuchenden Namen wurden *Ignaz Wrobel* (eines der Pseudonyme Tucholskys), *Ulli Schöps* und der weibliche Vorname *Inge* sowie eine Reihe von Kombinationen und Variationen dieser Formen aufgenommen. Die Silben und Laute sind - abgesehen von den Vokalen *a, i, u* - Bestandteile des Namens *Wrobel*, während die sinnfreien Phonemsequenzen aus einem Dada-Gedicht stammen. Daneben liegen aus teils älteren, teils nachträglichen, in Speyerer Schulen angestellten Versuchen einige hundert Profile für eine Reihe von Namen vor, die bei der Faktorenanalyse nicht berücksichtigt wurden, die aber später bei Einzelinterpretationen teilweise mit herangezogen werden sollen.

[2] Bei den Versuchen wurde darauf geachtet, daß nicht ein und dieselbe Versuchsperson Gegenstände mit ähnlichen Elementen zu beurteilen hatte. Es kamen also beispielsweise niemals *A* und *a*, *Uli* und *Ulli*, *Ignaz Wrobel* und *Ignaz Schöps* in dieselbe 'Testbatterie', so daß also signifikante Unterschiede zwischen den Profilen etwa von *A* und *a* nicht aufgrund eines direkten Vergleichs durch die Vp. zustande kommen konnten.

	1 Ruhe	2 Würde	3 Gefahr	4 Gesundheit
hoch-tief	6,03	4,25	2,15	2,28
schwach-stark	4,71	6,19	6,03	5,80
rauh-glatt	5,43	5,34	2,87	4,76
aktiv-passiv	6,06	5,15	1,50	2,88
leer-voll	5,37	5,59	5,40	6,16
klein-groß	5,59	6,00	5,75	5,92
kalt-warm	5,28	3,93	3,09	4,84
klar-verschwommen	2,84	3,28	4,16	2,32
jung-alt	5,18	5,93	3,06	1,90
sanft-wild	1,37	2,18	6,46	4,64
krank-gesund	5,40	4,93	3,96	6,60
eckig-rund	6,31	5,53	1,84	4,92
gespannt-gelöst	6,53	5,06	1,25	5,24
traurig-froh	4,21	3,84	4,09	6,04
leise-laut	1,16	2,25	5,62	4,56
feucht-trocken	4,90	5,21	4,34	4,24
schön-häßlich	1,90	2,71	5,46	1,96
frisch-abgestanden	3,31	4,56	2,53	1,56
feig-mutig	4,65	4,69	5,37	5,52
nahe-entfernt	4,15	5,09	2,65	2.60
veränderlich-stetig	5,87	5,87	2,28	4,27
liberal-konservativ	4,50	6,28	3,03	3,52
seicht-tief	6,37	5,43	4,50	4,80
gut-schlecht	2,22	2,62	5,43	1,80

	5 Ermüdung	6 Haß	7 weiblich	8 männlich	9 Heiterkeit
hoch-tief	6,08	5,79	3,20	3,17	2,00
schwach-stark	1,92	5,82	2,67	6,31	2,00
rauh-glatt	4,56	2,29	5,85	2,14	5,11
aktiv-passiv	6,44	1,59	4,76	1,66	2,51
leer-voll	2,40	5,00	5,35	5,60	5,63
klein-groß	3,32	5,44	2,91	6,03	4,88
kalt-warm	4,28	2,62	6,06	4,03	5,94
klar-verschwommen	5,96	3,55	4,50	2,14	2,11
jung-alt	5,72	4,17	2,35	2,77	2,66
sanft-wild	2,20	6,68	2,20	5,40	3,22
krank-gesund	2,88	2,73	5,50	6,14	6,34
eckig-rund	5,04	2,41	6,20	2,74	5,68
gespannt-gelöst	4,56	1,23	5,94	2,88	6,40
traurig-froh	2,72	2,91	5,29	4,97	6,66
leise-laut	1,88	5,41	3,00	5,11	4,17
feucht-trocken	3,96	4,17	3,38	4,85	4,20
schön-häßlich	4,56	6,06	1,82	3,02	1,71
frisch-abgestanden	5,80	4,14	1,79	2,14	1,46
feig-mutig	2,84	3,58	4,44	6,17	5,34
nahe-entfernt	4,28	3,79	2,76	3,57	2,94
veränderlich-stetig	3,48	4,02	2,76	5,40	4,00
liberal-konservativ	4,84	5,14	4,41	3,22	2,31
seicht-tief	3,92	4,95	4,50	5,28	4,77
gut-schlecht	4,72	6,29	2,44	2,51	1,68

	10 Zorn	11 Liebe	12 Langeweile	13 Intelligenz	14 Milde
hoch-tief	2,80	3,36	5,68	1,63	3,86
schwach-stark	6,16	5,68	2,24	6,09	3,45
rauh-glatt	2,00	5,36	5,84	5,13	5,72
aktiv-passiv	1,40	2,72	6,72	1,68	5,18
leer-voll	5,88	6,52	1,76	6,00	5,68
klein-groß	5,48	6.08	3,16	6,09	5,22
kalt-warm	5,96	6,68	2,92	2,91	6,09
klar-verschwommen	3,80	3,76	6,36	1,32	3,95
jung-alt	3,52	2,28	5,20	3,04	5,31
sanft-wild	6,72	3,36	2,68	4,59	1,04
krank-gesund	4,16	5,52	2,56	5,40	4,86
eckig-rund	2,60	5,16	3,96	3,04	6,09
gespannt-gelöst	1,32	4,84	4,84	2,45	6,40
traurig-froh	3,16	5,56	2,08	4,72	4,72
leise-laut	6,40	2,88	2,12	4,23	1,68
feucht-trocken	4,96	3,17	4,00	5,59	3,68
schön-häßlich	5,20	1,40	5,08	3,18	2,09
frisch-abgestanden	2,28	1,52	6,40	2,18	3,45
feig-mutig	5,56	5,32	2,44	5,18	4,36
nahe-entfernt	2,36	2,08	4,52	3,69	3,45
veränderlich-stetig	2,32	4,36	4,08	4,23	5,59
liberal-konservativ	4,08	3,64	4,44	2,18	3,64
seicht-tief	5,08	6,20	2,40	5,72	5,00
gut-schlecht	4,56	1,48	5,60	2,04	1,86

	15 d. Laut U	16 d. Laut A	17 d. Laut a	18 d. Laut e	19 d. Laut i
hoch-tief	3,56	4,13	5,21	2,56	1,25
schwach-stark	3,21	5,73	5,08	4,37	4,81
rauh-glatt	5,65	4,60	5,28	5,31	5,56
aktiv-passiv	6,26	2,80	4,00	2,75	1,81
leer-voll	3,65	6,07	6,24	3,76	3,62
klein-groß	3,13	5,93	5,14	3,37	2,81
kalt-warm	4,21	4,80	6,28	3,06	2,12
klar-verschwommen	4,30	2,73	2,50	2,44	1,75
jung-alt	4,73	4,46	4,22	3,06	2,50
sanft-wild	2,39	3,93	3,36	4,37	5,19
krank-gesund	3,82	5,27	4,79	4,50	4,25
eckig-rund	5,68	6,07	6,14	4,06	2,38
gespannt-gelöst	5,26	4,53	5,57	2,87	2,00
traurig-froh	4,18	4,80	4,57	4,69	5,31
leise-laut	2,00	5,27	4,42	4,94	5,38
feucht-trocken	3,56	4,40	4,57	4,87	4,76
schön-häßlich	3,39	2,33	3,00	4,06	4,12
frisch-abgestanden	3,85	3,00	3,00	3,19	2,00
feig-mutig	3,43	5,33	4,42	4,19	4,62
nahe-entfernt	3,59	3,46	3,00	3,18	3,31
veränderlich-stetig	3,91	5,47	4,35	4,25	4,00
liberal-konservativ	4,30	4,60	4,78	3,62	3,00
seicht-tief	3,00	5,60	5,71	3,19	3,31
gut-schlecht	3,65	2,73	2,93	4,12	4,12

	20 d.Laut o	21 d.Laut u	22 d.Laut b	23 d.Laut w	24 d.Silbe -wro-
hoch-tief	6,06	6,68	3,83	5,83	5,27
schwach-stark	4,93	4,93	4,33	3,61	5,11
rauh-glatt	4,57	3,87	4,83	4,17	2,22
aktiv-passiv	4,31	5,00	4,11	4,61	2,94
leer-voll	6,62	5,38	4,17	5,11	5,33
klain-groß	5,50	5,06	3,61	4,28	5,05
kalt-warm	5,75	5,38	4,50	5,62	4,61
klar-verschwommen	4,25	5,06	4,05	5,44	4,88
jung-alt	5,31	5,93	3,27	5,17	5,05
sanft-wild	2,75	3,56	3,61	3,05	5,11
krank-gesund	4,19	4,00	4,17	3,55	4,22
eckig-rund	6,68	5,81	4,78	5,39	3,94
gespannt-gelöst	5,81	4,62	3,94	4,83	3,05
traurig-froh	2,50	1,93	3,94	2,55	3,55
leise-laut	3,25	3,06	3,72	2,61	4,94
feucht-trocken	3,93	3,43	4,61	3,66	4,72
schön-häßlich	2,87	4,25	3,50	3,88	5,05
frisch-abgestanden	4,50	5,44	3,72	5,06	4,55
feig-mutig	4,12	3,56	3,83	3,50	5,22
nahe-entfernt	4,12	4,93	3,55	4,39	3,44
veränderlich-stetig	5,00	5,06	3,61	4,17	4,00
liberal-konservativ	5,31	4,76	3,61	5,11	4,72
seicht-tief	5,75	6,12	3,83	4,66	5,16
gut-schlecht	3,06	4,06	2,94	3,94	4,17

	25 d.Silbe-bel	26 olobo	27 fataka	28 Ignaz Schöps	29 Ignaz Wrobel
hoch-tief	3,16	5,42	3,82	3,84	4,08
schwach-stark	3,55	4,37	5,37	2,96	4,37
rauh-glatt	5,83	4,87	4,37	4,48	2,95
aktiv-passiv	4,38	4,87	2,87	4,48	3.29
leer-voll	4,38	5,87	3,92	3,40	4,83
klein-groß	3,22	4,83	4,46	2,76	3,83
kalt-warm	4,61	5,54	3,25	3,84	4,34
klar-verschwommen	3,61	4,83	2,62	4,48	4,31
jung-alt	2,83	5,08	4,25	4,72	4,31
sanft-wild	3,30	3,21	5,17	2,92	4,40
krank-gesund	4,83	4,33	4,67	3,72	4,37
eckig-rund	5,17	6,29	2,57	3,60	3,50
gespannt-gelöst	4,44	5,58	2,87	3,56	3,41
traurig-froh	4,80	3,71	4,37	3,88	4,04
leise-laut	3,55	3,75	5.35	4,08	4,44
feucht-trocken	3,65	4,00	5,29	2,64	4,31
schön-häßlich	3,11	3,83	4,50	5,28	5,25
frisch-abgestanden	2,83	4,46	3,42	5,00	3,95
feig-mutig	4,22	3,71	5,17	2,84	4,08
nahe-entfernt	3,61	4,12	4,54	4,40	4,34
veränderlich-stetig	3,55	4,04	5,00	3,60	3,95
liberal-konservativ	2,72	4,79	4,00	4,92	5,12
seicht-tief	3,55	5,33	3,79	2,64	3,87
gut-schlecht	4,17	3,11	3,66	4,00	4,12

	30 Wrobel	31 Wrobel(S)[1]	32 Ulli Schöps	33 Ulli Schöps (S)[1]	34 Schoeps[1]
hoch-tief	5,06	5,42	2,93	3,19	3,46
schwach-stark	4,81	5,09	3,18	3,33	3,09
rauh-glatt	2,81	3,76	4,96	5,09	5,16
aktiv-passiv	3,34	3,36	3,56	3,57	4,22
leer-voll	4,87	5,33	3,78	3,90	4,00
klein-groß	4,22	4,95	2,71	2,86	2,96
kalt-warm	4,65	4,28	4,22	4,58	4,32
klar-verschwommen	4,40	4,62	4,47	3,76	4,65
jung-alt	5,16	4,80	1,90	2,09	3,93
sanft-wild	4,06	4,55	4,00	2,86	3,48
krank-gesund	4,44	4,67	4,53	4,55	4,39
eckig-rund	4,31	4,76	3,56	4,62	5,07
gespannt-gelöst	3,63	3,66	3,68	4,02	4,26
traurig-froh	4,22	3,80	5,69	4,91	4,87
leise-laut	4,28	4,91	5,34	4,05	4,65
feucht-trocken	4,37	3,33	3,24	3,76	3,51
schön-häßlich	4,66	4,67	4,09	4,15	4,45
frisch-abgestanden	4,14	4,48	2,81	3,09	3,67
feig-mutig	4,53	4,58	4,11	4,00	3,38
nahe-entfernt	4,31	3,76	4,22	3,60	3,96
veränderlich-stetig	4,71	4,24	3,00	2,80	3,12
liberal-konservativ	4,94	4,38	3,40	3,33	4,29
seicht-tief	4,53	4,58	2,78	2,80	2,83
gut-schlecht	3,71	4,02	3,65	3,36	3,67

---

1 S = Schreibschrift; die durch diese unterschiedliche graphische Darbietung der Gegenstände 30, 32 u. 35 bewirkten Verschiebungen im Raum der Primärkonnotationen (vgl. Beibl. 8, S. 66) sind Belege für das Vorhandensein graphisch bedingter PK (vgl. S. 67ff.). Für eine qualitative Diskussion dieser Verschiebungen wäre allerdings eine stärkere Differenzierung des PK-Raums durch die Einführung einer größeren Anzahl von Gegenständen nötig gewesen.

	35 Schöps	36 Ignaz	37 Inge Wrobel	38 Inge	39 Ulli
hoch-tief	3,68	3,58	4,36	2,50	3,04
schwach-stark	3,20	4,16	3,40	3,56	4,40
rauh-glatt	5,00	3,48	4,20	5,19	4,60
aktiv-passiv	3,76	3,33	4,00	3,18	3,04
leer-voll	4,16	4,42	4,36	3,90	4,60
klein-groß	2,40	3,74	3,70	3,62	4,00
kalt-warm	4,64	3,87	3,90	4,18	5,12
klar-verschwommen	4,08	3,38	4,46	3,46	3,04
jung-alt	2,84	4,06	3,66	1,93	1,80
sanft-wild	3,60	4,12	3,70	3,58	4,48
krank-gesund	4,72	4,06	4,40	4,62	5,68
eckig-rund	4,64	2,48	4,33	4,44	4,36
gespannt-gelöst	4,76	3,00	3,83	3,56	4,60
traurig-froh	4,92	3,96	3,93	5,19	5,64
leise-laut	4,56	3,83	4,06	4,78	5,24
feucht-trocken	4,16	4,29	4,30	4,38	4,48
schön-häßlich	4,04	4,77	4,57	3,09	3,04
frisch-abgestanden	3,36	4,16	4,53	2,75	1,88
feig-mutig	3,92	4,00	3,96	4,62	5,28
nahe-entfernt	3,60	4,71	4,47	3,68	3,00
veränderlich-stetig	3,52	4,29	4,17	3,18	4,24
liberal-konservativ	3,40	5,39	4,87	3,60	3,04
seicht-tief	3,28	4,06	3,67	3,12	4,16
gut-schlecht	3,44	3,38	3,60	3,24	2,72

	40 Uli	41 Ulli Wrobel	42 Worbel	43 Bolwer	44 Lebrow
hoch-tief	3,84	4,50	4,56	5,58	5,02
schwach-stark	4,80	3,22	5,00	5,47	4,25
rauh-glatt	4,36	4,14	2,18	4,06	3,50
aktiv-passiv	3,28	4,32	3,13	3,70	3,60
leer-voll	4,92	4,36	5,26	5,76	4,70
klein-groß	3,88	2,68	4,56	5,12	4,40
kalt-warm	5,08	4,68	4,63	4,23	3,50
klar-verschwommen	3,68	5,22	5,81	4,82	4,25
jung-alt	1,92	2,72	4,50	4,76	4,60
sanft-wild	3,48	3,18	4,88	4,18	4,05
krank-gesund	5,40	4,09	4,31	4,35	3,30
eckig-rund	5,36	4,18	4,12	4,76	3,95
gespannt-gelöst	4,88	3,60	3,63	4,12	3,45
traurig-froh	5,52	3,87	3,18	3,76	2,75
leise-laut	4,84	3,50	4,75	4,70	3,45
feucht-trocken	3,50	3,95	4,12	4,06	3,20
schön-häßlich	2,92	4,50	4,63	4,65	4,90
frisch-abgestanden	2,24	4,09	3,50	4,47	5,00
feig-mutig	5,12	3,95	4,25	3,94	4,85
nahe-entfernt	3,16	3,95	4,25	3,94	4,85
veränderlich-stetig	3,84	3,54	3,43	4,47	4,55
liberal-konservativ	2,88	4,40	4,43	5,06	5,01
seicht-tief	4,56	3,68	4,88	5,00	4,25
gut-schlecht	2,48	3,86	4,06	3,88	4,05

Für die Arbeit der Affinitätsanalyse brauchen wir die Matrix aller Korrelationen der 44 Gegenstände untereinander. Da die Anzahl dieser Korrelationen sich auf 1892 Q-Werte beläuft (die alle berechnet werden, wie in Kap. I. S. 35ff. demonstriert), paßt die gesamte Korrelationsmatrix nicht auf eine Seite. Dennoch kann man durch die jeweils oben und links stehenden Ziffern, die die Gegenstände (Variablen) bezeichnen, den gesuchten Korrelationswert leicht an dem Schnittpunkt der von oben nach unten und von links nach rechts verlaufenden Zahlenkolumnen der Q-Werte der zu vergleichenden Variablen finden. Die richtige Anordnung der Seiten beim Zusammensetzen zu der vollständigen Matrix in Dreiecksform läßt sich aus dem folgenden Schema ersehen.

        S. 1 S.2 S. 3
        S. 4 S. 5 S. 6 S. 7 S. 8

(Korrelationsmatrix S. Anhang)

4. Der Raum der emotionalen Konnotationen

Die Faktorenanalyse, die ja, wie ausgeführt, im Zusammenhang mit dem PP ein explizites Abbild psychischer Elementarstrukturen liefern soll[1], ergab bei den bisherigen Hofstätterschen Untersuchungen in der Hauptsache zwei Faktoren, die einen zweidimensionalen Raum, eine Ebene der Primärkonnotationen also, konstituieren. Bei der Arbeit mit dem vorliegenden Material, das, soweit man sieht, eine größere Anzahl von Variablen umfaßt, als Hofstätter sie gewöhnlich verwendet und in der Mehrzahl auch andersartige, lieferte die Faktorenanalyse *drei* solcher Hauptfaktoren, was also das *Modell eines Raumes* statt einer Ebene der Primärkonnotationen nahelegt. Dies ist ein wichtiger Unterschied, der der näheren Betrachtung bedarf.

Die Andersartigkeit der Beurteilungsgegenstände kann für dieses abweichende Ergebnis kaum verantwortlich gemacht werden, sofern die Methode ihre Prämissen bewährt, die ja gerade davon ausgehen, daß die synästhetisch-metaphorischen Gegensatzpaare des PP, wie immer sie im einzelnen aussehen[2],

---

[1] Die Faktorenanalyse ist ein allgemeines mathematisches Modell, das auch im Zusammenhang mit anderen Methoden als dem PP angewandt werden kann. Für diese Fälle allerdings warnt Hofstätter vor ähnlichen "realisierenden" Annahmen.
[2] Hofstätter hat mit gleichstrukturierten Vpn.-gruppen Versuche mit unterschiedlichen Polaritätenlisten für dieselben Gegenstände durchgeführt und eine hohe Stabilität der Ergebnisse festgestellt.

"das Universum aller denkbaren Polaritäten" repräsentieren und daß deswegen grundsätzlich auch jeder denkbare Gegenstand jedem anderen gegenüber auf seine physiognomische Ähnlichkeit hin überprüft werden kann. Eher wahrscheinlich ist es, daß bei einer größeren Anzahl von Variablen *alle* faktorenrelevanten Qualitäten in ausgeglichenerer Weise repräsentiert sind. Hofstätter selbst läßt wiederholt die Möglichkeit offen, daß außer den beiden von ihm gefundenen Faktoren noch "ein oder zwei andere" von Bedeutung sein könnten. "Es ist natürlich nicht ausgeschlossen - ja recht wahrscheinlich -, daß das System des emotionalen Ausdrucks mehr als zwei Dimensionen besitzt ..."[1] Dies zeigt, daß wir uns mit einem dreidimensionalen System nicht unbedingt im Widerspruch zu Hofstätters Ergebnissen befinden müssen, ja wir werden später in seinen eigenen Tabellen unseren dritten Faktor, wenn auch in unterrepräsentierter Form, wiederfinden.[2]

Ein noch schwerer wiegender Beweis dafür, daß in beiden Fällen derselbe Weg beschritten wurde und daß es sich bei dem 3-Faktoren-System nicht um eine Abweichung, sondern lediglich eine Ergänzung handeln muß, ist jedoch die Tatsache, daß diejenigen Variablen, die wir mit Hofstätter gemeinsam benutzt haben, innerhalb der beiden ersten Dimensionen des 3-Faktoren-Systems im Vergleich zu Hofstätters "Hauptebene der emotionalen Konnotation"[3] ein fast identisches Konfigurationsschema ergeben.

Am besten kann dies eine graphische Darstellung des Raums der Primärkonnotationen veranschaulichen, die auch für die Interpretation der drei Faktoren sowie für die späteren Einzelinterpretationen von Namen benötigt wird. Die Grundlage für diese Darstellung ist die sog. Faktorenmatrix (s. Beibl. 5, S. 58), die angibt, wie hoch jede Variable auf dem jeweiligen Faktor 'lädt'. Die Ladungszahlen bewegen sich wiederum innerhalb des Intervalls von -1 bis +1. Es wird hier die Matrix der ersten zehn Faktoren gegeben, wobei sich zeigt, daß die ersten drei deutlich ausgeprägt sind, während die restlichen nur angedeutet bleiben. Der genaue Grad der Ausgeprägtheit der einzelnen Faktoren läßt sich rechnerisch mit dem prozentualen Anteil der sog. durchschnittlichen Variation der 44 Variablen, der auf den jeweiligen Faktor entfällt, ausdrücken. Die folgende Tabelle (S. 59) zeigt die Variationswerte für die ersten 10 Faktoren:

---

1 Hofstätter, a.a.O., S. 526.
2 Auch H. Schlosberg sah sich genötigt, von einem zunächst zweidimensionalen auf ein dreidimensionales System überzugehen: The description of facial expressions in terms of two dimensions, J. exp. Psychol., 44, 1952, S. 229-237 und Three dimensions of emotion, Psychol. Rev., 61, 1954, S. 81-88. Und schon Osgood selbst prägte den Begriff des "semantischen Raumes".
3 Hofstätter, Peter und H. Lübbert, a.a.O., S. 75.

Beiblatt 5:

Faktorenmatrix

	1	2	3	4	5
1	0.2745	-0.5814	0.6279	0.2968	0.1961
2	0.1136	-0.3068	0.6328	0.3528	0.5315
3	0.1224	0.8673	-0.0479	-0.1011	-0.2445
4	0.9058	0.1642	0.2996	0.0548	0.0393
5	-0.6557	-0.7076	-0.0377	-0.0080	-0.0467
6	-0.4014	0.8108	0.1100	-0.0999	-0.0589
7	0.6623	-0.6199	0.1423	-0.2571	-0.0631
8	0.5501	0.7014	0.3455	0.0852	0.0833
9	0.9312	-0.0947	0.2459	0.0445	-0.0252
10	0.1895	0.8093	0.1727	-0.2806	-0.2330
11	0.7622	-0.0747	0.5432	-0.0624	-0.0689
12	-0.6919	-0.5635	-0.3090	0.0978	0.0142
13	0.6549	0.5205	0.2481	0.2342	0.2168
14	0.3799	-0.6790	0.5026	0.1487	0.1280
15	0.0345	-0.9151	-0.0588	0.1300	0.1033
16	0.6692	0.1601	0.6379	0.0816	0.1257
17	0.6067	-0.2457	0.6405	-0.0519	0.0339
18	0.5938	0.4034	-0.4065	0.0851	0.2915
19	0.5381	0.5903	-0.4455	0.1250	0.2233
20	0.0223	-0.4466	0.8601	-0.0674	0.0491
21	-0.5025	-0.3497	0.7277	-0.0426	-0.0647
22	0.6221	-0.4371	0.1252	-0.2026	0.0705
23	-0.4586	-0.6127	0.5466	-0.2415	-0.0371
24	-0.2847	0.7029	0.4678	-0.3052	-0.1408
25	0.7893	-0.5082	-0.1440	-0.0407	-0.0083
26	0.0382	-0.6570	0.6678	-0.2114	-0.0924
27	0.2335	0.8025	-0.1459	0.2456	0.3506
28	-0.5440	-0.3617	-0.4404	-0.3229	0.2846
29	-0.2553	0.6024	0.0765	-0.5887	0.3077
30	-0.2491	0.4118	0.5843	-0.3751	0.2258
31	-0.1277	0.4074	0.5938	-0.4193	-0.1509
32	0.5608	0.0067	-0.6437	-0.4247	-0.0617
33	0.6681	-0.3505	-0.4015	-0.4401	0.0407
34	0.2576	-0.5128	-0.4880	-0.4981	0.0572
35	0.6339	-0.3906	-0.4133	-0.4241	-0.0206
36	-0.2260	0.5371	0.0094	-0.1633	0.6918
37	-0.2228	-0.2663	-0.1590	-0.5969	0.5725
38	0.8668	-0.0032	-0.3413	-0.1976	0.0846
39	0.9503	0.1680	-0.0070	-0.1088	-0.0641
40	0.8931	-0.0619	0.2030	-0.2355	-0.1646
41	-0.1265	-0.4759	-0.1966	-0.7186	0.0461
42	-0.1866	0.5230	0.4309	-0.4969	-0.3263
43	-0.1533	0.2673	0.7670	-0.3707	0.0463
44	-0.7544	0.1515	0.3923	-0.1504	0.2653

6	7	8	9	10
-0.1041	0.0709	0.0764	0.0373	-0.0044
0.0226	0.0576	-0.1318	-0.0420	0.1684
0.1575	0.1439	-0.2706	-0.1383	0.0662
-0.0693	-0.0391	0.0062	-0.1200	0.0299
0.0068	0.1055	-0.0165	0.1094	0.0509
0.2680	0.0657	0.0106	-0.0349	-0.2034
-0.1311	0.0190	-0.1256	-0.0582	-0.0347
-0.1815	0.0173	0.1420	-0.0506	0.0662
-0.1353	-0.1312	-0.0360	0.0044	-0.0010
0.0072	0.1544	-0.2818	0.0751	-0.0775
-0.0660	0.0619	-0.0955	-0.2024	-0.0153
0.1827	0.1517	0.0310	0.0000	0.1012
0.1305	0.1637	-0.0827	-0.1098	0.0894
-0.1250	-0.0895	-0.1005	-0.0407	0.0840
0.0552	-0.0429	-0.2247	0.0555	0.1441
0.1279	-0.1763	0.0474	0.0587	-0.0083
0.1085	-0.0457	-0.0773	0.1524	-0.3126
0.3927	0.0212	-0.0014	0.1953	-0.0394
0.2333	0.0159	-0.0808	0.0259	-0.0197
0.1184	-0.0005	0.0062	0.0042	-0.1048
0.1121	0.0549	0.0783	-0.0315	-0.0673
0.2162	0.4264	-0.0180	0.2055	0.1179
0.0079	0.1019	-0.0588	-0.0139	-0.0829
-0.0125	0.0615	0.0165	0.1647	0.1367
0.1603	0.0273	0.0133	-0.0844	0.1105
0.1363	-0.0276	-0.1223	0.0208	-0.0945
0.0893	0.0248	0.0989	0.1243	0.0244
0.1071	-0.3313	-0.1647	-0.0703	-0.0037
-0.2452	-0.0510	-0.1762	0.0960	-0.0181
-0.2416	-0.1746	0.0586	0.2929	0.0978
0.3472	-0.2681	0.1395	-0.0594	0.1291
-0.0434	-0.1012	0.0475	-0.2025	-0.0024
0.0775	0.0376	-0.0065	-0.0188	-0.0124
0.1691	-0.2817	-0.1935	0.0760	0.0852
-0.0077	-0.0442	0.1182	0.1646	-0.0943
-0.2635	0.0740	-0.1614	-0.1175	-0.1447
0.0003	0.1352	0.2521	-0.0569	0.0715
0.0682	0.0707	-0.0016	-0.0614	0.0414
-0.1275	0.0044	0.1317	0.0267	-0.0592
-0.0617	-0.0673	0.1974	-0.0469	0.0243
-0.0821	0.3490	0.0829	-0.0732	-0.0864
-0.1878	0.0893	-0.0872	0.0049	0.2231
0.3292	-0.0415	0.0470	-0.0677	0.0619
0.1820	-0.0347	0.0909	-0.2692	-0.0354

Faktor	1	28,9265 %
"	2	26,0679 %
"	3	18,9509 %
"	4	8,6754 %
"	5	4,8488 %
"	6	2,6868 %
"	7	1,9546 %
"	8	1,4694 %
"	9	1,2779 %
"	10	1,0207 %

Die ersten drei Faktoren repräsentieren zusammen 73,95 % der Durchschnittsvariationen, während auf die beiden nächsten nur noch 13 % entfallen und die restlichen jeweils kaum von 0 verschieden sind.

5. Interpretation der Faktoren F_1, F_2, F_3

Für die anschauliche Darstellung werden die drei Hauptfaktoren (F_1, F_2, F_3) als die Koordinaten eines Raums aufgefaßt, in den dann ihre Ladungszahlen für die einzelnen Variablen (die ersten drei senkrechten Zahlenkolumnen der Faktorenmatrix) als Koordinatenwerte eingetragen werden können.
Zunächst soll dieser Raum jedoch in drei verschiedene Ebenen (F_1F_2, F_1F_3, F_2F_3) aufgelöst werden (s. Beibl. 6 u. 7, S. 61 u. 62) Zum Vergleich mit dem Hofstätterschen System dient die ohne den dritten Faktor konstituierten Ebene F_1F_2. Die hier zutage tretende hochgradige Übereinstimmung zeigt, daß unsere beiden ersten Faktoren mit denen Hofstätters weitgehend identisch sein müssen. Hofstätter interpretiert nun die beiden Faktoren als positive und negative Zuwendung, wobei diese beiden Tendenzen in einem Orthogonalitätsverhältnis zueinander stehen sollen, statt, wie man annehmen würde, in einem linearen Gegensatzverhältnis. Hofstätter begründet diese Konstruktion mit dem Nachweis, daß eine ganze Reihe von 'klassischen' Gegensatzvorstellungen wie Liebe - Haß, männlich - weiblich etc. auf der Ebene der Expressivität nur "partielle" Gegensätze darstellen und daß beispielsweise der Begriff 'Einsamkeit' dem absoluten Gegenpol von 'Liebe' näher ist als 'Haß', während 'Haß' und 'Liebe' in einem annähernden Orthogonalitätsverhältnis zueinander stehen. Diese Beobachtungen entsprechen nach der Feststellung der weitgehenden Unabhängigkeit des Systems der "primitiven Konnotationen" vom

---

1 Die gemeinsam benutzten Begriffe sind durch 'x' gekennzeichnet.

Beiblatt 6
Ebene der ersten beiden Faktoren des 3-Faktoren-Systems:

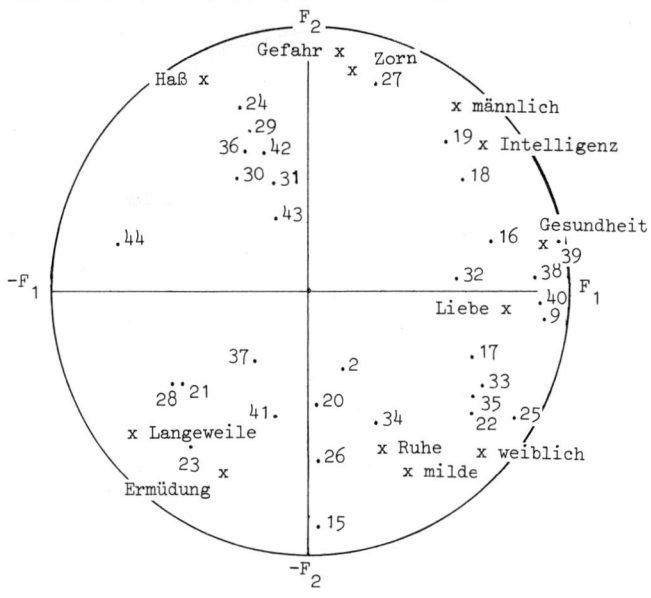

[Diagramm: Kreis mit Achsen F_1, $-F_1$, F_2, $-F_2$ und folgenden Beschriftungen:
- Gefahr x, Zorn x .27
- Haß x
- .24, .29, 36. .42, .30 .31, .43
- x männlich
- .19 x Intelligenz
- .18
- .44
- .16 Gesundheit x .39
- .32 .38
- .40
- Liebe x .9
- -F_1, F_1
- .17, .33, .35, .22, .25
- 37. , .2
- 28 .21, 41., .20
- x Langeweile
- .34
- 23 x, .26
- x Ruhe, x weiblich
- x milde
- Ermüdung
- .15]

Hofstätters "Hauptebene der emotionalen Konnotation":[1]

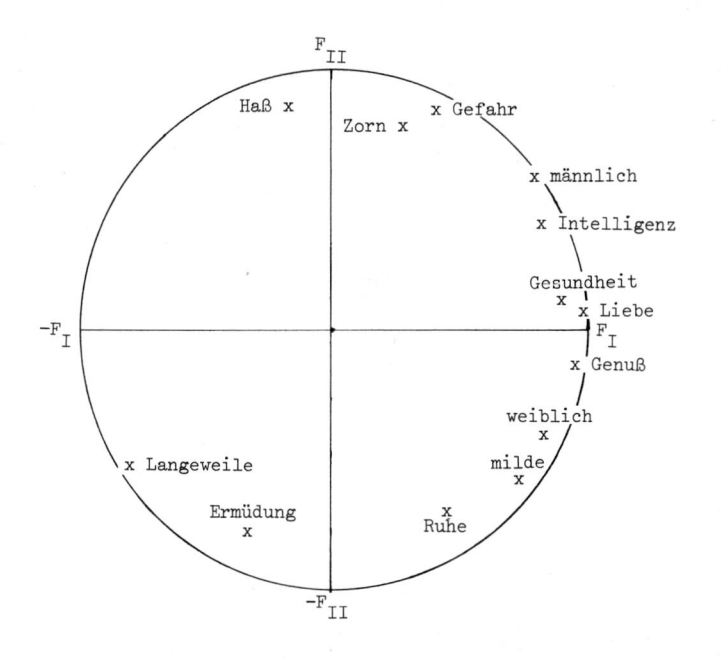

[Diagramm: Kreis mit Achsen F_I, $-F_I$, F_{II}, $-F_{II}$ und folgenden Beschriftungen:
- Haß x, Zorn x, x Gefahr
- x männlich
- x Intelligenz
- Gesundheit x
- x Liebe
- x Genuß
- weiblich x
- milde x
- x Langeweile
- Ermüdung x
- x Ruhe]

[1] Hofstätter, Lübbert, a.a.o., S. 75

Beiblatt 7

Ebene der ersten und dritten Faktors des 3-Faktoren-Systems:

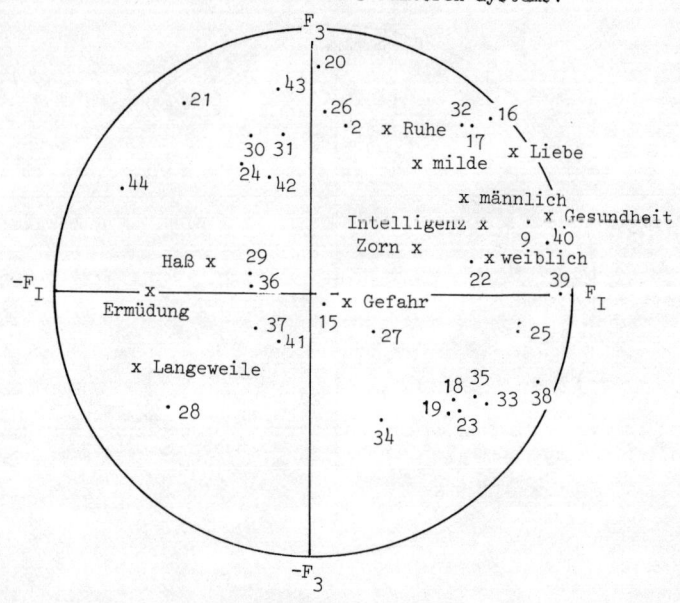

Ebene des zweiten und dritten Faktors des 3-Faktoren-Systems:

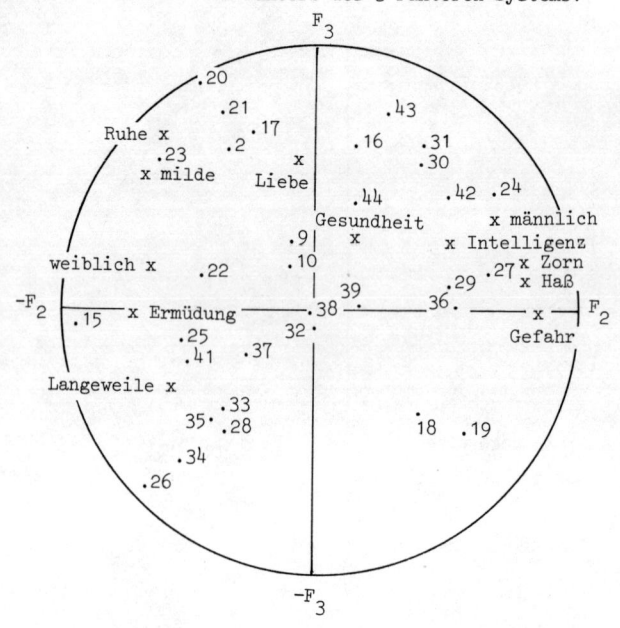

Denotativsystem durchaus den Erwartungen. Nur ist dann nicht recht einzusehen, weshalb Hofstätter trotzdem im konnotativen Bereich weiter an der Zuordnung der gegensätzlichen D e n o t a t i o n e n 'positive Zuwendung' 'negative Zuwendung' zu den Begriffen 'Liebe' und 'Haß' festhält und sie in diesem denotativen Sinne sogar zu Faktorenkonstituenten für das System der Primär - k o n n o t a t i o n e n macht, was zudem nur um den Preis der denkbar unhandlichen Orthogonalitätskonstruktion zu bewerkstelligen ist.

So sind denn auch die Belege, die Hofstätter für die Annahme eines unabhängigen Faktors der negativen Zuwendung bietet, wenig überzeugend. Die Methode der Faktoreninterpretation besteht darin, daß man zur positiven Kennzeichnung eines Faktors alle Variablen heranzieht, auf denen er hohe Ladungszahlen aufweist und zu seiner negativen solche mit negativen Ladungszahlen und dann darangeht, diejenigen Qualitäten 'herauszudestillieren', die diesen Variablen jeweils gemeinsam sind. Auf diesem Wege versucht Hofstätter an verschiedenen Stellen[1], seinen Faktor der negativen Zuwendung zu rechtfertigen. "Einen Faktor der negativen Zuwendung haben wir ... in F_2, er wird durch die Stimmungen 'Haß', 'Eifersucht' und 'Neid' charakterisiert, bzw. durch die Abwesenheit (negative Gewichtszahlen) von 'Milde'." Oder: F_2 wird durch Begriffe 'Diktator', 'Tragödie' und 'Kummer' in positiver Weise charakterisiert und durch den Begriff 'Schlaf' in negativer. Abermals scheinen sich diese Begriffe mit der dem Faktor früher gegebenen Deutung - 'negative Zuwendung' - recht gut zu vertragen."

Nun bleiben allerdings bei diesen Ausführungen jeweils zwei entscheidende Umstände unerwähnt, nämlich, daß nach Hofstätters eigenen Unterlagen der Faktor F_2 außer durch 'Diktator', 'Tragödie' und 'Kummer' a u c h z.B. durch 'männlich' und 'Intelligenz' positiv gekennzeichnet ist und umgekehrt die Begriffe 'Langeweile' und 'Ermüdung' ähnlich hohe negative Ladungen für F_2 aufweisen wie 'Milde' und 'Schlaf'. Es wird dadurch ganz im Gegensatz zu Hofstätters Auffassung deutlich, daß der Faktor F_2 sich gerade der Polarität 'positive Zuwendung' - 'negative Zuwendung' gegenüber indifferent verhält und daß man bei seiner Interpretation demnach von anderen Kriterien auszugehen hat. Beginnen wir aber die Faktoreninterpretation der Übersichtlichkeit zuliebe mit dem ersten Faktor F_1.

Hier sind in der Tat Meinungsverschiedenheiten kaum möglich und die Kennzeichnung von F_1 als Faktor der positiven Zuwendung scheint voll gerecht-

---
[1] Z.B. in: Dimensionen d. mim. Ausdr., S. 520 u. 521 und Farbsymb. u. Ambiv., S. 532.

fertigt. Er ist positiv charakterisiert durch 'Heiterkeit', 'Leben', 'Gesundheit', 'Liebe', 'Intelligenz', 'männlich' und 'weiblich', negativ durch 'Einsamkeit', 'Langeweile', 'Ermüdung' und 'Haß'. Man könnte F_1 auch als einen Faktor der *Affektladung* ansprechen.

Die höchste Ladung für den Faktor F_2 zeigen die Begriffe 'Gefahr', 'Zorn', 'Haß', 'männlich', 'Intelligenz'. Gemeinsam ist ihnen ein hoher Intensitäts- und Energiegehalt. Dazu passen als Gegensätze die Begriffe mit hohen negativen Ladungen ausgezeichnet: 'Schlaf', 'Milde', 'Ermüdung', 'Langeweile', 'Ruhe'. Der Gesamteindruck der Passivität und Energielosigkeit ist eindeutig. Man geht deshalb sicher nicht fehl, F_2 als Energiefaktor, als einen Faktor, der die M o t o r i k des Expressivitätserlebnisses betrifft, zu identifizieren.[1]

Schwieriger ist die Interpretation der dritten Faktors. Hier kann mit den Appelativen allein nicht mehr operiert werden, da gerade die höchste Ladung bei anderen Beurteilungsgegenständen, bei Namen, sinnlosen Phonemsequenzen und Einzellauten auftreten. Immerhin sind deutliche positive Werte mit 0,63 0,62 0,54 und 0,50 bei 'Ruhe', 'Würde', 'Liebe' und 'Milde' vorhanden, während 'Langeweile' mit -0,30 ein negatives Indiz für F_3 liefert. Den höchsten positiven Ladungswert erreicht der Vokal *o*, gefolgt von den Namen *Bolwer*, dem Vokal *u* und der Lautfolge *olobo*[2], hohe negative Ladungen haben neben dem Namen *Ulli Schöps* die Vokale *i* und *e*. Als gemeinsame Assoziationen für die von positiven Ladungen betroffenen Gegenstände stellen sich die Vorstellungen 'schwer', 'voll', 'gewichtig' ein, es handelt sich bei ihnen um 'voluminöse', 'masse'-reiche Gegenstände, während für die mit negativen Werten verbundenen Objekte die gegensätzlichen Vorstellungen 'leicht', 'leer', 'substanzarm' als passend erscheinen. Die Vorstellung 'schwer' läßt sich direkt nicht belegen, da die entsprechende Polarität 'schwer-leicht' in der von uns verwendeten Liste der 24 Polaritäten nicht auftaucht. Bei der Überprüfung der Polarität 'leer-voll' in Hinblick auf die oben genannten Beurteilungsgegenstände zeigt sich jedoch, daß bei positiven Ladungen die Bewertungen der Versuchspersonen eindeutig nach dem Pol 'voll', bei negativen Ladungen nach 'leer' tendieren:

---

1 Hierzu ist noch anzumerken, daß auch Hofstätter, bevor er sich revidierte, in einer älteren Arbeit F_2 als "Aktivitätsfaktor" bezeichnet hat.
2 Diese Phonemsequenz stammt ebenso wie *fataka*, aus dem Lautgedicht "Karawane" von Hugo Ball.

Ruhe	5,37
Würde	5,59
Liebe	6,52
Milde	5,68
o	6,62
Bolwer	5,76
u	5,38
olobo	5,87

Langeweile	1,76
Ulli Schöps	3,78
i	3,62
e	3,76

Die bisher vorhandenen Indizien legen es nahe, den Faktor F_3 als einen Schwere- oder M a s s e f a k t o r zu bezeichnen, wobei das Wort 'Masse' als eine konsequent vom physikalischen Massebegriff und der damit verbundenen Vorstellung der Gravitation abgeleitete Metapher verstanden sein will. Masse sozusagen als allgemeinste Form der 'Leiblichkeit' der Gestalt, als ihr 'stofflicher' Aspekt.[1] Auch in Hofstätters Tabellen finden sich gewisse Anzeichen für das, wenn auch hier unterrepräsentierte Vorhandensein eines Massefaktors. So stehen beispielsweise in einer Matrix mit vier Faktoren[2] die Werte für die Begriffspaare 'Erfolg' und 'Leben' sowie 'Komödie' und 'Freude'. Hofstätter kommt nun aufgrund der Tatsache, daß diese Paare in seiner Konnotationsebene eine fast identische Position innehaben, zu dem Schluß, daß sie "(zumindest für unsere Vpn) die gleichen Konnotationen"[3] hätten. Schaut man sich jedoch den - nicht berücksichtigten - Faktor 3 genauer an, so erkennt man doch einige Unterschiede. 'Leben' hat +0,22, 'Erfolg' -0,02 als Ladungszahl. 'Leben ist im Vergleich zu 'Erfolg' der gewichtigere, substanzreichere, eben 'schwerere' Begriff. Ähnlich verhält es sich mit 'Freude' (+0,11) und 'Komödie' (-0,18). Insgesamt ergibt sich innerhalb der Gruppe der vier Begriffe im Hinblick auf ihre 'Gewichtigkeit' die Rangfolge

Leben	+0,22
Freude	+0,11
Erfolg	-0,02
Komödie	-0,18

wobei der absolute Abstand zwischen dem ersten und dem vierten Begriff mit 0,40 deutlich ist[4] und deshalb hier und auch bei der Betrachtung der

---

[1] Auf eine Deutung der weiteren Faktoren F_4, F_5 etc. kann wegen ihrer geringen Ausgeprägtheit verzichtet werden.
[2] Dimensionen d. mim. Ausd., S. 519
[3] A.a.O., S. 523.
[4] Zur Frage der statistischen Zuverlässigkeit vgl. o. S. 33

übrigen Relationen innerhalb dieser Gruppe von vollkommen gleichen Konnotationen nicht mehr gesprochen werden kann.

Den theoretischen Prämissen der Methode des Polaritätsprofils zufolge können die den drei Dimensionen des Systems der Primärkonnotationen entsprechenden Begriffe Affektladung, Motorik und Massenempfinden als die Basisaspekte des Gestalterlebnisses überhaupt verstanden werden. Die ganze unbegrenzte Vielfalt der Gestaltformen bzw. die entsprechenden Reaktionen des psychischen Organismus wäre demnach so gut wie ausschließlich bestimmt durch die jeweils verschiedene Kombination der quantitativen Anteile an diesen drei Faktoren. Man könnte als Gleichnis für diesen Umstand etwa die organische Chemie heranziehen, wo ebenfalls durch die verschiedenen Kombinationen von nur drei Qualitäten (C,H und O) eine unüberschaubare Fülle von Formen hervorgebracht wird. Tatsächlich läßt sich ja nunmehr ein solches Gestalterlebnis mit Hilfe der als Koordinatenkoeffizienten aufgefaßten Faktorenladungen äußerlich ganz analog zu einer chemischen Formel beschreiben. Etwas so Subtiles und scheinbar Unwägbares wie der primärkonnotative Anteil eines expressiven sprachlichen Umfelds ist etwa bei der Phonemsequenz *fataka* eingefangen in der lakonischen Formel $A_{23}Mo_{80}Ma_{-15}$ oder in $A_{-25}Mo_{41}Ma_{58}$ bei dem Namen *Wrobel*.[1] Es offenbaren sich hier – und dies in empirisch manifester Form – erneut erstaunliche Parallelen zu den Hypothesen des modernen Strukturalismus, so wenn Bierwisch bei der Erörterung der semantischen Tiefenstruktur ausführt: "Neue Begriffe sind nicht zugleich neue semantische Merkmale, sondern neue Kombinationen vorgegebener semantischer Merkmale. Aus einer begrenzten Anzahl von Grundelementen lassen sich beliebig viele Kombinationen bilden: die unendliche Menge aller natürlichen Zahlen kann theoretisch aus einem einzigen Grundelement aufgebaut werden. Das endliche Grundinventar begrenzt also nicht die möglichen Begriffsbildungen, sondern nur die menschlichen Anlagen oder Dispositionen auf die sie gegründet sind."[2]

Nach der Interpretation der Faktoren soll nunmehr der Raum der Primärkonnotation mit der Konfiguration der 44 Variablen in einem einzigen Schaubild dargestellt werden. Die Deutung von F_3 als Massefaktor legt dabei den Gedanken nahe, die dritte Dimension in der Weise kenntlich zu machen, daß die

---

[1] A= Affektladung, Mo= Motorik, Ma= Masse, die Koeffizienten sind ohne 0,... geschrieben.
[2] A.a.O., S. 99.

Beiblatt 8

positive Masse

negative Masse

F_1

F_2

1 Ruhe
2 Würde
3 Gefahr
4 Gesundheit
5 Ermüdung
6 Haß
7 weiblich
8 männlich
9 Heiterkeit
10 Zorn
11 Liebe
12 Langeweile
13 Intelligenz
14 Milde
15 der Laut l
16 der Laut A
17 der Laut a
18 der Laut e
19 der Laut i
20 der Laut o
21 der Laut u
22 der Laut b
23 der Laut w
24 die Silbe wre-
25 die Silbe -bel
26 olobo
27 fataka
28 Ignaz Schöps
29 Ignaz Wrobel
30 Wrobel D
31 Wrobel S
32 Ulli Schöps
33 Ulli Schöps S
34 Schoeps
35 Schöps
36 Ignaz
37 Inge Wrobel
38 Inge
39 Ulli
40 Uli
41 Ulli Wrobel
42 Worbel
43 Bolwer
44 Lebrow

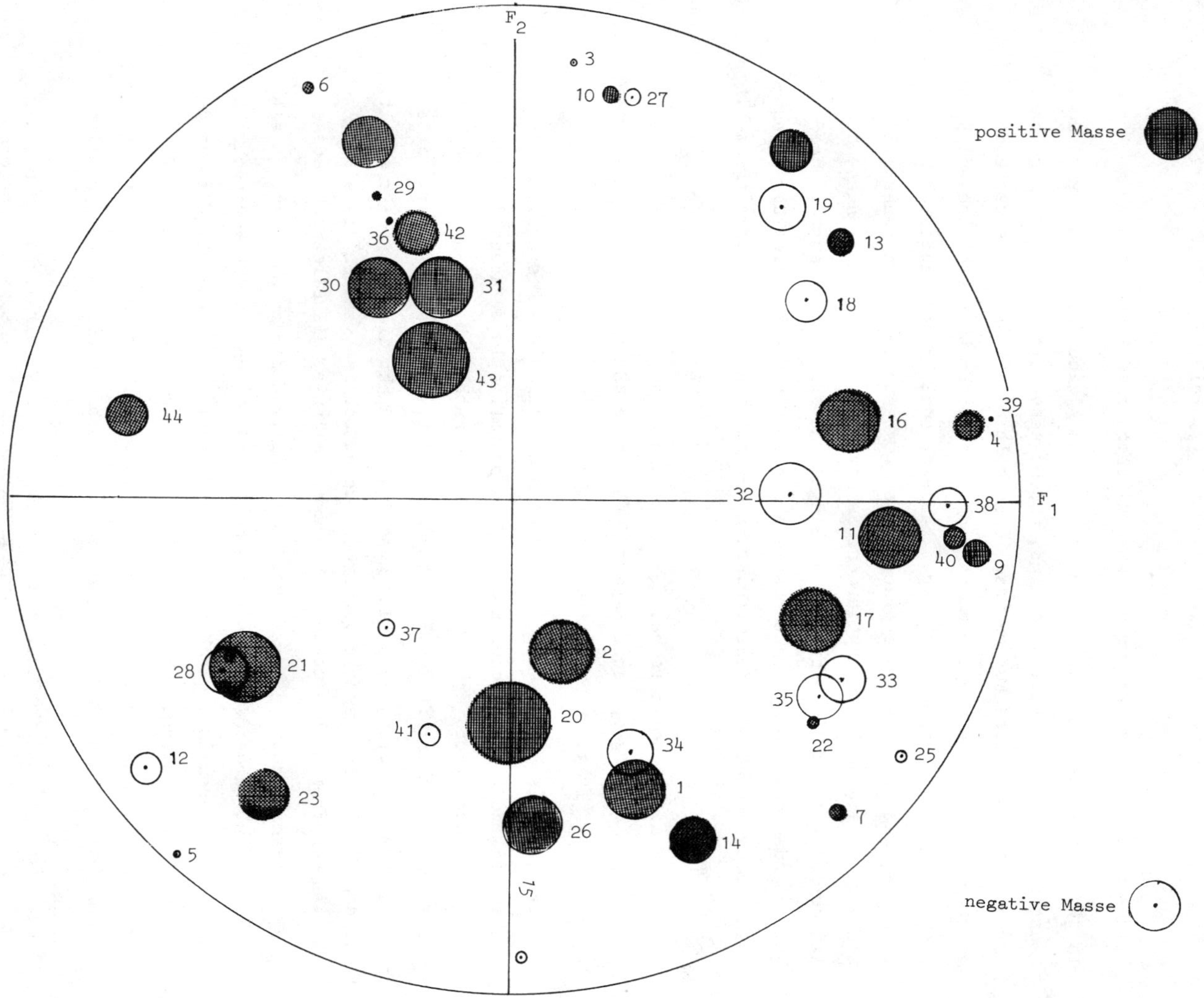

einzelnen Gegenstände je nach der Göße ihrer F_3-Ladung durch mehr oder weniger große Kugeln symbolisiert werden.[1] (s. Beibl.8, S. 67)

6. Gesetzmäßigkeiten im Raum der sprachlichen Primärkonnotationen

In der nebenstehenden Abbildung haben wir das kleine Universum der 44 Gegenstände recht anschaulich vor uns, und es kann jetzt der Versuch gemacht werden, erste Hinweise auf gewisse, innerhalb dieses Raumes herrschende Gesetzmäßigkeiten zu geben. Daß es sich hierbei nur um vorläufige, noch recht unsystematische Beobachtungen handeln kann, braucht angesichts der Tatsache, daß sie Ergebnisse eines ersten Vortastens auf ein neues Feld sind, nicht eigens betont zu werden. Es ist jedoch damit zu rechnen, daß bei der Verwendung eines breiter angelegten Materials von Beurteilungsgegenständen ein sehr brauchbares Regelsystem für die Funktion der sprachlichen Elemente bei der Konstituierung des expressiven Umfelds aufgestellt werden kann.

> a. Der semantische, der phonetische und
> der graphische Aspekt der Sprache können
> Träger von Primärkonnotationen sein.

Für den semantischen Bereich ist der Nachweis für diese Feststellung durch die aktualgenetischen Versuche (z.B. das prärationale Erfassen der Sinnsphäre von *schwirren*) erbracht worden, sowie natürlich auch durch die Tatsache der Anwendbarkeit der PP-Methode auf die von Hofstätter verwendete Liste von Appelativen, wo ja der semantische Aspekt die Hauptrolle spielt. Daß daneben die Lautgestalt von großer Bedeutung ist, zeigen die angeführten sinnfreien Phonemsequenzen und Einzellaute, die alle recht ausgeprägte Faktorenladungen aufweisen. Um den Einfluß der graphischen Gestalt[2] zu isolieren, wurde der Buchstabe *a* einer Gruppe von Vpn. in Kleinschreibung und einer anderen in Großschreibung zur Beurteilung vorgelegt. Wie aus der Abbildung ersichtlich, haben beide Formen bei den Faktoren 1 und 3 fast identische Ladungen, unterscheiden sich aber deutlich in Bezug auf den Motorikfaktor. Dafür dürften neben der unterschiedlichen Größe vor allem

---

[1] Dabei kann die Tiefendimension visuell dadurch verwirklicht werden, daß größere Kugeln als mehr im Vordergrund und kleine als weiter entfernt und im Hintergrund befindlich vorgestellt werden.
[2] Vgl. dazu auch die grundlegende Untersuchung von Reinhard Krauss, über graphischen Ausdruck, Beih. 48 zur Zs. f. angew. Psychol.

die kantigeren, eckigen Formen der Majuskel im Vergleich zu den runden,
weichen der Minuskel verantwortlich sein. Beim Vergleich der Profile wird
diese Vermutung in mancherlei Hinsicht durch die Tendenz der Abweichungen
bei solchen Polaritäten bestätigt, bei denen deutliche Unterschiede in der
Beurteilung der beiden Formen auftreten.[1]

	A	a
aktiv - passiv	2,80	4,00
klein - groß	5,93	5,14
hoch - tief	4,13	5,21
rauh - glatt	4,60	5,28
schwach - stark	4,80	6,28
sanft - wild	3,93	3,36
gespannt - gelöst	4,53	5,57

Die Tendenzen liegen alle in der erwarteten Richtung, A erscheint also
aktiver, größer, höher, rauher, stärker, kälter, wilder und gespannter
als a. Außerdem zeigt A bei der Affinitätsanalyse mit 0,68 zu 0,32 eine
größere Affinität zu 'männlich', mit 0,11 zu -0,18 zu 'Gefahr' und mit
0,68 zu 0,38 zu 'Intelligenz' als a.
Durch den Vergleich der Profile von A und a ist aber gleichzeitig eine
Isolierung der rein lautlichen Ausdrucksqualitäten des Gegenstandes insofern gegeben, als nunmehr festgestellt werden kann, daß die trotz der
großen Verschiedenartigkeit, ja Gegensätzlichkeit (eckig - rund) der graphischen Form gewahrte hohe Übereinstimmung zwischen den Profilen der beiden Formen ausschließlich auf die unter beiden Buchstabenformen gleichartig empfundene expressive Qualität des Phonems zurückzuführen ist. Die
hohe positive Korrelation zwischen A und a (+0,80) legt darüber hinaus den
Schluß nahe, daß die physiognomischen Valenzen des A-Phonems erheblich stärker wirksam sind als die seiner graphischen Form. Man wird sicher nicht allzusehr fehlgehen, wenn man ähnliche Relationen der Bedeutung des lautlichen
und des graphischen Aspekts auch für andere sprachliche Zeichen annimmt und
wird das Ergebnis beim Vergleich A:a zumindest als Indiz dafür nehmen können,
daß grundsätzlich die physiognomische Effektivität der Lautqualitäten
größer ist als die der graphischen Form.

---

[1] Auf Signifikanztests wurde verzichtet.

Ähnliche Manipulationen zur Bestimmung und Abgrenzung des Anteils der
semantischen Elemente am Gestalterlebnis sind denkbar. So könnten beispielsweise Homonyme, d.h. verschiedene Moneme darstellende identische
Phonem- und Graphemsequenzen vom Typus *Mark* ('Geld') und *Mark* ('Grenzgebiet') nach der PP-Methode untersucht und verglichen werden.

      b. Auch für die expressive Wirkung unmotivierter Sprach-
         zeichen ist deren Verhältnis zum deutschen Phonemsystem
         von Bedeutung.

Die Namen *Wrobel*, *Worbel* und *Bolwer* scheinen unter den ca. 40 möglichen
Kombinationen der sechs Laute b, e, l, o, r, w die einzigen (unmotivierten)[1]
Phonemsequenzen zu sein, die nach den Distributionsverhältnissen des deut-
schen Phonemsystem 'zugelassen' sind, um einen Terminus Pilchs[2] zu benutzen.
Um allerdings eine exakte Bestimmung der Zulässigkeit einer zweisilbigen
Phonemsequenz in jedem konkreten Falle durchzuführen zu können, wäre es not-
wendig, eine Distributionsformel für die deutschen Zweisilber zu erarbei-
ten, etwa nach dem Vorbild H. Seilers, der eine "Strukturformel für die dt.
Einsilber" entworfen hat, die hier kurz vorgeführt sei:[3] (S. Beibl.9, S. 71)
Nach Seiler sind durch diese Formel die morphologischen Aspekte des deut-
schen Einsilbers "in einer linearen Weise vollständig dargestellt."[4]

---

1 *worleb*, *rolweb* z.B. enthalten Moneme des Deutschen; was die Form *olbwer*
   angeht, so kommen m.W. im Dt. zweisilbige Wörter mit der Phonemfolge
   -*bw*- in der Silbenfuge nur als Zusammensetzung aus selbständigen Ein-
   silbern vor (Typus: *Raubwild*). Dort hat aber die Zweitsilbe im Unterschied zu *olbwer* Nebenakzent.
2 Pilch, Phonemtheorie, Basel, 2. verbesserte Aufl. 1968, S. 3.
3 Nach: H. Seiler, Laut und Sinn: Zur Struktur der deutschen Einsilber,
   in: Lingua 11, 1962, S. 377.

   ∅ = Null   Kleiner Querstrich an der Leiste bedeutet:
   C = Konsonant   Nur mit demjenigen Laut der anderen Seite
   ; = 'oder'   kombinierbar, der gegenübersteht.
   + = 'muß'   Wenn sich gegenüber kein Laut befindet, so gilt
   ± = 'kann'   der hächst höhere Laut der anderen Seite.
   - = 'kann nicht'   Laute ohne Querstrich können mit jedem frei-
   G = Silbengipfel   stehenden Laut der anderen Seite kombiniert
   V = Vokal   werden.
4 A.a.O., S. 377.

Beiblatt 9

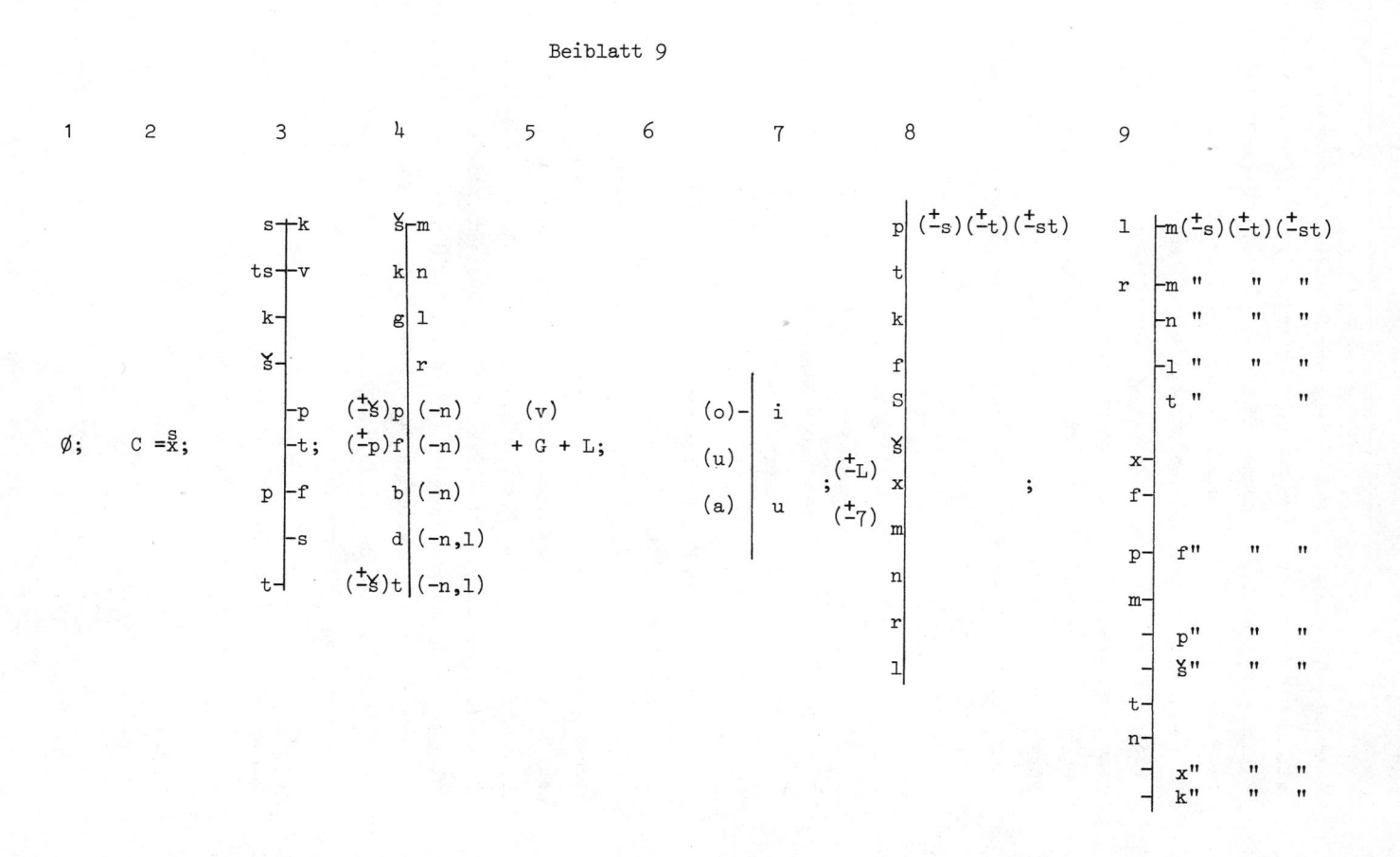

1	2	3	4	5	6	7	8	9
		s–k	š–m				p | (±s)(±t)(±st)	l –m(±s)(±t)(±st)
		ts–v	k | n				t	
								r –m " " "
		k–	g | l				k	–n " " "
		š–	r				f	–l " " "
							S	t " "
		–p	(±š)p | (-n)	(v)		(o)- | i		
∅;	C = $\overset{s}{x}$;	–t;	(±p)f | (-n)	+ G + L;		(u) |	š	x–
						; (±L)	x ;	
		p –f	b | (-n)					f–
						(a) | u (±7)	m	
		–s	d | (-n,l)					p– f" " "
							n	
		t–	(±š)t | (-n,l)					m–
							r	– p" " "
							l	– š" " "
								t–
								n–
								– x" " "
								– k" " "

Aber auch für die Analyse zumindest der Stammsilben von zwei - und mehrsilbigen Formen kann diese Formel bereits von praktischem Wert sein. Seiler glaubt nämlich annehmen zu können, "daß die Struktur des Dt. ES im Prinzip mit der der Stammsilben mehrsilbiger Wörter identisch ist.[1,2] Um zu unseren Namenbeispielen zurückzukehren: *Wrobel, Worbel* und *Bolwer* erscheinen trotz der doch erheblichen Verschiedenheit der Lautfolge im Raum der Primärkonnotationen dicht beieinander, während ein Name wie *Lebrow*, der aus denselben Lauten gebildet ist, als fremdartige, an das Russische erinnernde Phonemsequenz sehr viel weiter nach dem Pol der negativen Affektladung abgeschoben wird. Diese Verhältnisse legen den vorläufigen und vorsichtigen Schluß nahe daß,

> c. sofern die grundsätzliche Voraussetzung der Zulässigkeit der Phonemsequenz erfüllt ist, auch Einzellaute eine gewisse von der Lautfolge unabhängige Stabilität ihrer Ausdruckswerte erweisen.

Mit anderen Worten: Es kann bei der Beachtung dieser Voraussetzung davon ausgegangen werden, daß ein bestimmter Laut - bei gleicher Betonung und Länge - in jedem Kontext auf gleiche Weise seine spezifischen, durch sein Profil erwiesenen physiognomischen Valenzen zur Geltung bringt und somit auf eine in etwa berechenbare Weise zur Gesamtphysiognomie des jeweiligen Lautgebildes beiträgt. Damit soll beileibe nicht einem unreflektierten Atomismus oder simplen additiven Verfahrensweisen im Bereich der Expressivitätsforschung das Wort geredet werden. Dieses Mißverständnis dürfte schon wegen der - hiermit wiederholten - Betonung der genannten, sehr weit gehenden Einschränkungen und Bedingungen, die wahrscheinlich bei zukünftigen Untersuchungen noch erweitert und besser systematisiert und spezifiziert werden können, von vornherein ausgeschlossen sein. Andererseits können Hinweise auf eine gewisse Eigenständigkeit physiognomischer Einzellautwerte, sofern sie als empirische Fakten manifest werden, nicht unberücksichtigt

---

1 A.a.O., S. 385.
2 Vgl. dazu auch Paul Menzerath, Die Architektonik des dt. Wortschatzes, Bonn 1954. Menzerath gibt hier eine Übersicht über die verschiedenen "Formtypen" des dt. Wortschatzes.

bleiben. Als ein weiteres Beispiel mag die Lautfolge *olobo* gelten. Wenn
man die Tatsache der Fremdartigkeit der Phonemfolge[1] dieses Gebildes berücksichtigt, kann man feststellen, daß es ziemlich deutlich in dem
Spannungsfeld zwischen *o, l* und *b* angesiedelt ist. Es steht dicht bei dem
dominierenden *o*, und zwar in Richtung auf *l* hin, und es ist wahrscheinlich nur wegen der erwähnten Fremdartigkeit der Lautfolge zu weit von *b*
abgedrängt worden, wäre aber wohl andererseits aufgrund eben dieser Fremdartigkeit ohne den positiv bewerteten b-Laut noch weiter nach dem Pol der
negativen Affektladung verschoben worden.

> d. Lange (enge) oder betonte Vokale setzen ihre spezifischen
> physiognomischen Valenzen stärker durch als kurze (offene)
> oder unbetonte.

Bei *Worbel* mit offenem [ɔ] verringert sich die Masseladung gegenüber
Wrobel mit langem [o:], das als Einzellaut eine F_3-Ladung von +0,86 besitzt,
von +0,58 auf +0,43.[2] *Uli* bewegt sich aufgrund des langen [u:] in der zweiten
und dritten Dimension deutlich von *Ulli* weg auf die Position des *u* zu. *Uli* hat
entsprechend den Qualitäten des langen [u:][3] mehr Masse und ist passiver als
Ulli. Daß die Abweichung in Richtung auf *u* in der Dimension der affektiven
Zuwendung nur geringfügig ist, liegt mit großer Wahrscheinlichkeit daran,
daß der Vorname *Ulli/Uli* seine stabile Position in der Nähe des Pols der
positiven Zuwendung nicht überwiegend seinen Lautqualitäten verdankt, sondern der Tatsachem daß hier gewisse semantische Elemente eine besonders
starke positive Affektladung bedingen. Vornamen enthalten ja grundsätzlich
die Seme 'männlich' oder 'weiblich', *Ulli/Uli* also die stark positiv be-
urteilte Vorstellung 'männlich', die wegen der Diminutivform des Namens
noch durch die Werte 'jung', 'lustig', 'frisch' ergänzt wird. Die Profile
von *Ulli* und *Uli* zeigen bei der Polarität 'jung-alt' die Werte 1,80/1,92,
bei 'traurig-froh' 5,64/5,52 und bei 'frisch-abgestanden' 1,88/2,24.
Was die Betonung anbelangt, so kann der Name *Lebrow* als Beispiel dienen. Dadurch,,
daß das (massenreiche) *o* aus der Tonsilbe verschwindet, verliert *Lebrow* mit
0.39 gegenüber 0,58 bei *Wrobel* erheblich an Masse.

---

1 Die volltönende Endung *-bo* kommt im Dt. nicht vor. Bei Mater, Rückläufiges
  Wörterbuch d. dt. Sprache, sind nur die Stichworte *Colombo* und *Averbo*,
  d.h. ein Name und ein seltener lat. Fachterminus aus der Sprachwissen
  schaft aufgeführt.
2 Bei dem Namen *Bolwer* liegen die Verhältnisse etwas anders, weil hier
  offensichtlich der graphische Eindruck des äußerst massiv wirkenden
  großen *B* eine gewichtige Rolle spielt.
3 Man kann davon ausgehen, daß die Versuchspersonen den isoliert stehenden
  Vokal als langen Vokal auffassen

e. Bei der Kombinierung von Vor- und Nachnamen setzen sich
geringe oder negative Masseladungen stärker durch als
positive.

Beispiele:[1]

Ulli	0,00	Ignaz	0,01
Schöps	-0,41	Wrobel	0,59
Ulli Schöps	-0,40	Ignaz Wrobel	0,07

f. Kombinationen von Namen, die im Raum der Primärkonnotationen
weit voneinander entfernt sind, bekommen unabhängig von der
spezifischen Position ihrer Glieder auf allen drei Faktoren
negative Ladungen.

Es werden also sozusagen die 'Mesalliancen' einhellig in den sechsten Raumsektor[2] (negative Zuwendung, Passivität, neg. Masse), in dem bezeichnenderweise der Begriff 'Langeweile' angesiedelt ist, abgeschoben.

Beispiele:[3]

Inge	(+87/00/-34)
Wrobel	(-25/+41/+59)
Inge Wrobel	(-22/-27/-16)

Ignaz	(-23/+54/+01)
Schöps	(+63/-39/-41)
Ignaz Schöps	(-54/-36/-44)

Ulli	(+95/+17/-01)
Wrobel	(-25/+41/+59)
Ulli Wrobel	(-13/-48/-20)

---

1 Zur Frage der statistischen Validität vgl. o.S. 33
2 Die acht Raumsektoren sind durch die positiven oder negativen Ladungen der drei Faktoren bestimmt:

	F_1	F_2	F_3	
1. Sektor	+	+	+	(oben, rechts, Vordergrund)
2. Sektor	+	+	−	(oben, rechts, Hintergrund)
3. Sektor	+	−	+	(unten, r,V)
4. Sektor	+	−	−	(u,r,H)
5. Sektor	−	−	+	(u,links,V)
6. Sektor	−	−	−	(u,l,H)
7. Sektor	−	+	+	(o,l,V)
8. Sektor	−	+	−	(o,l,H)

3 Die Koeffizienten von $(F_1/F_2/F_3)$ sind ohne 0,... geschrieben.

Hierbei steht zu vermuten, daß das unter e. und f. Gesagte in ähnlicher Weise auch für engere Kombinationen von vollwertigen Wörtern (etwa Adjektiv + Nomen) Geltung hat.

7. Die physiognomischen Qualitäten der Laute

Nach der Erarbeitung einiger allgemeinerer Strukturen des Raums der sprachlichen Primärkonnotationen soll sich nun eine Untersuchung der physiognomischen Qualitäten der einzelnen Laute, soweit sie in die Faktorenanalyse eingeführt wurden, anschließen, um dadurch ein weiteres Instrument für die Interpretation von Namenphysiognomien in die Hand zu bekommen. Über die expressiven Qualitäten der Laute ist viel diskutiert worden, und die gegensätzlichsten, oft recht einseitigen Meinungen sind dabei auf den Plan getreten.[1] Als Vertreter einer stark atomistischen Betrachtungsweise expressiver Lautbedeutungen werden von den meisten Kommentatoren H. Strehle[2] und vor allem Egon Fenz[3] kritisiert. Strehle stellt im wesentlichen ein System auf von Korrelationen zwischen einzelnen Lauten und den von ihnen hervorgerufenen, seiner Meinung nach aus mimischem Ursprung erwachsenen Gefühlsreaktionen und Vorstellungskomplexen. Die Konsonanten *s, x, z* etwa werden eingereiht als unlustbetont und mit den Vorstellungen 'streng','feindlich', 'zerstörend' verbunden. Dieser Zusammenhang wird aus der mimischen Reaktion auf ein Geschmackserlebnis abgeleitet. Die "Sauerreaktion" besteht "darin, daß man Zähne aufeinanderbeißt, die Lippen in die Breite zerrt und die sauer schmeckenden Partikelchen durch eine stoßartige Ausatmung von der Zungenspitze weg ins Freie befördert". Durch die "Lippenzerrung" und den "Luftausstoß" entsteht ein "scharf zischendes Geräusch, das zwischen *s,x,z* variieren kann."[4] Als Wortbeispiele werden genannt: *Salz, Meissel, Wespe*. Fenz geht so weit, die Lautqualitäten der Wörter dadurch beschreiben zu wollen, daß er für einzelne Laute festgelegte - im Gegensatz etwa zu den Faktoren des PK-Raums sehr detailliert-konkrete - Kennzeichnungen schematisch addiert, so etwa bei

---

1 Einen umfassenden Überblick über die Literatur zu diesem Problemkreis bietet Herbert Arndorfer, Die Ausdruckswirkungen deutscher Laute, in: Muttersprache 76, 1966, S. 1-10; weitere, vor allem außerdeutsche Lit. bei Ullmann, a.a.O., S. 95.
2 Vom Geheimnis der dt. Sprache, München 1956.
3 Laut, Wort, Sprache und ihre Deutung, Wien 1940.
4 A.a.O., S. 56.

Wurzel

W auseinander (sich verzweigend)

U tief und rund

R einer Vielheit entgegen

T fest daran

S fein und scharf eindringend

E eben

L ohne Hemmung

oder *Kraft*

K stark anders

R einer Vielheit entgegen

A lassen

F feinstem Widerstand entgegen

T fest daran

Eine solche starre Zuordnung von Lauten zu oft willkürlich erscheinenden Charakterisierungen (z.B. *K* = stark anders, *R* = einer Vielheit entgegen usw.) ohne Berücksichtigung der Phonemstruktur, der Betonungsverhältnisse und der modifizierenden Einflüsse der semantischen und graphischen Aspekte ist auch bei der Annahme einer gewissen Stabilität elementarer Lautqualitäten sicherlich unzulässig.

Als besonders entschiedene Gegnerin jeglicher überindividuell gültigen Lautsymbolik tritt dagegen die russische Sprachforscherin Elise Riesel auf. Sie tut die ganze Problematik mit den lapidaren Bemerkungen ab: "Die Systeme der Lautsymbolik, entstanden im 19. und 20. Jahrhundert, sind Auswüchse des Formalismus,"[1] und: "Wir bekämpfen jegliche Lautsymbolik."[2] Für sie gibt es "auch ... innerhalb einer bestimmten Nationalsprache ... keinerlei konstante ... Lautbedingungen!"[3] Die Fälle mit vermeintlich gegensätzlichen Werten desselben Lautes, die Elise Riesel zum Erweis dieser These aus der schönen Literatur heranzieht, beziehen sich jedoch nur auf sehr enge und konkrete Kennzeichnungen des Typus *lieblich, lächerlich* etc., wo in der Tat, wie das Beispiel Fenzens zeigt, einem generalisierenden Vorgehen gegenüber größte Skepsis angebracht ist; sie besagen jedoch nichts gegen die hier vertretene - in der angegebenen Weise zu differenzierende - Stabilität der

---

1 Stilistik der deutschen Sprache, Moskau 1959, S. 327.
2 A.a.O., S. 325.
3 A.a.O., S. 327.

auf die drei Basisaspekte des Gestalterlebnisses zurückgeführten primärkonnotativen Lautqualitäten. Interessant ist in diesem Zusammenhang auch E. Riesels Beurteilung des Dadaismus, den sie konsequenterweise für eine besonders extreme Fehlentwicklung hält: "Das sinnlose Gelalle der Dadaisten aller Schattierungen ist nach den vollendetsten Regeln des 'absoluten Wohlklangs' aufgebaut und mit allem möglichen Lautschmuck ausgestattet. 'Wohlklingende' Laute und Lautverbindungen, Tonmalerei, Assonanzen, Alliterationen, End- und Binnenreime, Refrain - kurz der ganze Klangapparat der deutschen Sprache wird aufgewandt und doch wird die Sinnlosigkeit dieser 'Dichtung.' nicht geringer."[1] Demgegenüber hat m.E. die hochgradige Übereinstimmung verschiedener Gruppen im Erfassen der Physiognomien der dem erwähnten Lautgedicht von Ball entnommenen Phonemsequenzen *olobo* und *fataka* gezeigt, daß dieses Pauschalurteil einer Überprüfung bedürftigt ist.

Ausführlich hat sich auch Ernst Jünger mit dem Problem der Lautsymbolik befaßt. In seinem Essay "Lob der Vokale"[2] beschreibt er die Vokale im Gegensatz zu dem "festeren Knochengerüst" der Konsonanten als "das eigentliche Fleisch der Worte und Sprachen" und weist ihnen bestimmte synästhetische Qualitäten zu. Eine weitere dichterische Äußerung zu diesem Thema ist Josef Weinhebers "Ode and die Buchstaben"[3], aus der eine Strophe zitiert sei:

> Dunkles, gruftdunkles U, samten wie Juninacht!
> Glockentöniges O, schwingend wie rote Bronce:
> Groß- und Wuchtendes malt ihr:
> Ruh und Ruhende, Not und Tod.

Ein besonders interessantes Beispiel dieser Art ist das Gedicht "Voyelles" von Rimbaud, der den Vokalen bestimmte Farben zuordnet:[4]

> A noir, E blanc, I rouge, U vert, O bleu, voyelles
> Je dirai quelque jour vos naissances latentes.
> A noir corset velu des mouches éclatantes
> Qui bombillent autour des puanteurs cruelles,
> Golf d'ombre, E, candeur des vapeurs et des tentes,
> Lance des glaciers fiers, rois blanc, frisson d'imbelles.
> I, poupres, sang craché, rire des lèvres belles
> dans la colère ou les ivresses pénitentes.

---
1 A.a.O., S. 330.
2 In: Blätter und Steine, Hamburg 1934, S. 47-88.
3 Sämtliche Werke, Salzburg 1954, II. Bd., S. 93ff.
4 Oeuvres, Paris 1924, S. 93.

> U, cycles, vibrements divins des mers virides,
> Paix des pâtis semés d'animaux, paix des rides
> Que l'alchimie imprime aux grands fronts studiuex,
> O, suprême clairon plein de strideurs étranges, Silences
> traversés des Mondes et des Anges:
> - O l'Oméga, rayaon violet de Ses Yeux!

Es wäre sehr reizvoll, experimentell zu überprüfen, ob die in diesem Gedicht bezüglich der Zueinanderordnung von Farben und Lauten gemachten Aussagen eher als Visionen aus einem mehr oder weniger hermetischen dichterischen Vorstellungsuniversum zu werten sind, oder ob sich tatsächlich Übereinstimmungen mit kollektiven physiognomischen Bewertungen feststellen ließen. Selbstverständlich müßten entsprechend dem eingangs Gesagten (s. S. 13) für solche Versuche französische Versuchspersonen herangezogen werden. Als Beispiel aus der deutschen Literatur sei Kurt Tucholsky genannt. Er hat eines seiner zahlreichen Pseudonyme, den Namen *Ignaz Wrobel*, einmal mit der Farbe blauschwarz in Beziehung gesetzt. Diese Bemerkung wurde zum Anlaß für einen kleinen Test am Rande der Versuche mit dem PP genommen. Die Vpn. sollten von den Farben rot, blau, orange, gelb, blauschwarz. graugrün diejenige benennen, die ihrem Gefühl nach am besten zu diesem Namen passe. Tatsächlich wählten fünf von dreizehn Mädchen blauschwarz aus den sechs zur Wahl stehenden Farben aus, sechs wählten graugrün, eine recht ähnliche Qualität, und nur zwei entschieden sich für rot, wahrscheinlich wegen des Bestandteils *-ro-* in *Wrobel*. Freilich will ein solcher Miniaturtest mit seiner primitiven Versuchsanordnung noch wenig besagen, und gesicherte Ergebnisse wären in diesem Falle erst durch eine Affinitätsanalyse zu erreichen, wobei zunächst eigene Profile für die einzelnen Farben erstellt werden müßten.

Hofstätter hat einige solcher Profile bei einer Faktorenanalyse verwendet und gibt die Faktorenladungen der Farben grün- blau, rot und gelb an, wobei, wie schon angedeutet, auch der dritte Faktor deutlich ausgeprägte Ladungen aufweist, so daß die Positionen für diese Farben mit einigen Vorbehalten für einen Vergleich zwischen Farben und Lauten in unser dreidimensionales System eingeordnet werden können (s. Beibl. 10).

In der relativ größten Nähe zur Farbe rot (62/50/-03) stehen die Vokale *e* (59/40/-41) und, um weniges weiter entfernt, *i* (54/59/-45). Sie zeigen lediglich in der dritten Dimension, in ihrer geringeren Schwere, einen deutlicheren Abstand zu dieser Farbe. Der Vokal *a* (61/-25/64) hat für F_1 und F_3 fast die gleichen Ladungen wie blau (59/-40+60) und grün (56/-48/63),

Beiblatt 10

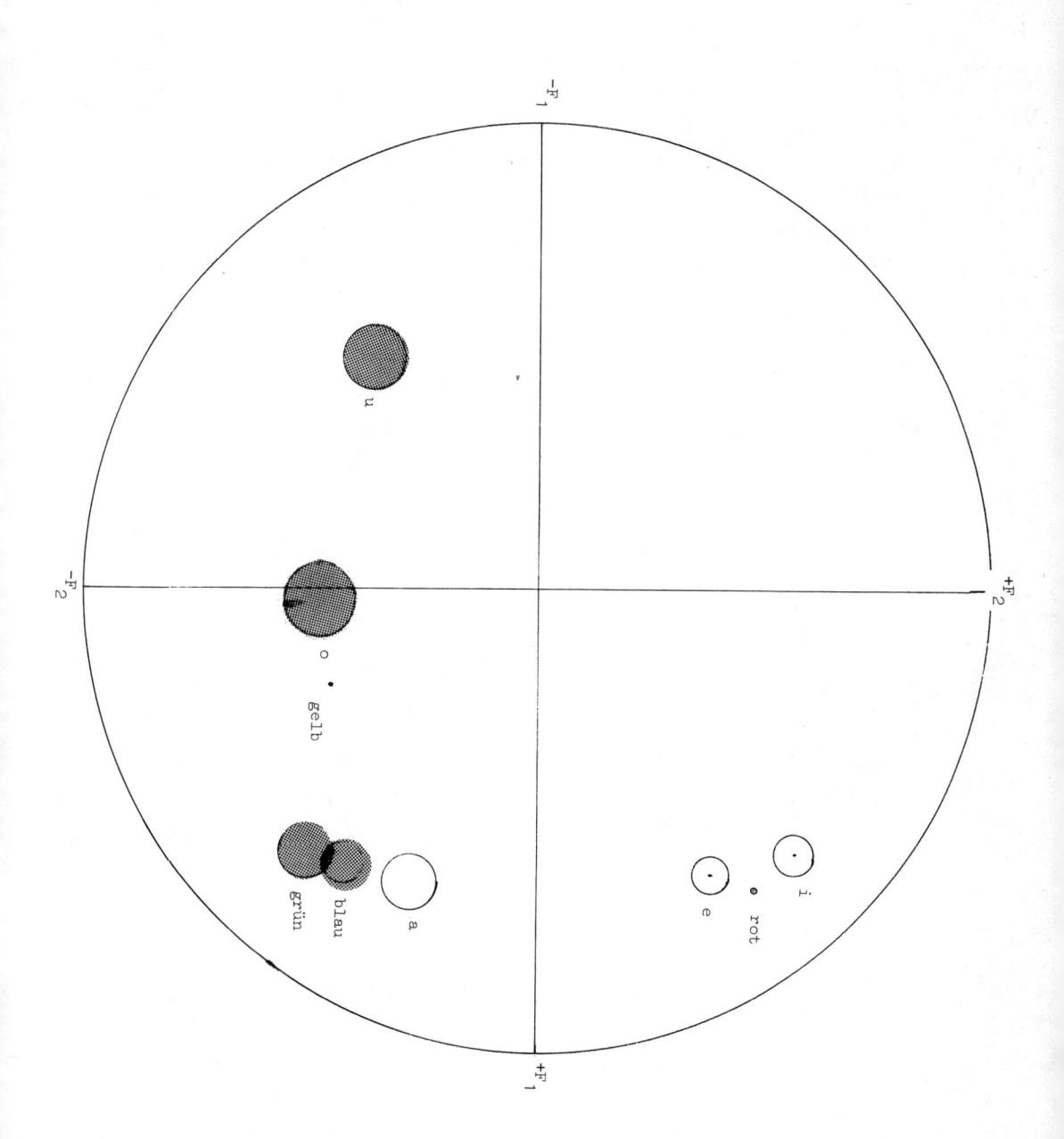

während die Intensitätsanteile für die beiden Farben noch geringer sind
als für a. Die Vokale o und u weisen keine Affinitäten zu einer der vier
Farben auf. o (02/-45/86) zeigt zwar bei F_1 und F_2 ähnliche Werte wie gelb
(20/-46/01), hat aber eine vollkommen verschiedene, nämlich sehr viel
größere Masseladung. Für diese beiden Vokale kommen denn auch 'dunklere'
Farben, vielleicht braun, grau, oder schwarz in Frage. Immerhin zeigt
letzteres Beispiel sehr deutlich, welche entscheidende Rolle der dritte
Faktor spielen kann. Ohne ihn und allein auf die Hofstättersche Ebene angewiesen, käme man in die Verlegenheit, die dann scheinbar vorhandene enge
Verwandtschaft zwischen der Farbe gelb und dem Vokal o zu erklären.
Wenn man sich die Stellung der fünf Vokale zueinander genauer ansieht, so
ergibt sich in der Reihenfolge i, e, a, o, u eine halbkreisförmige
Konfiguration, die sich vom zweiten Raumoktanten (++-) in den fünften
(--+) hinüberschwingt.

Abb.: Die Lage
der Vokale im
Raum der Primär-
konnotationen

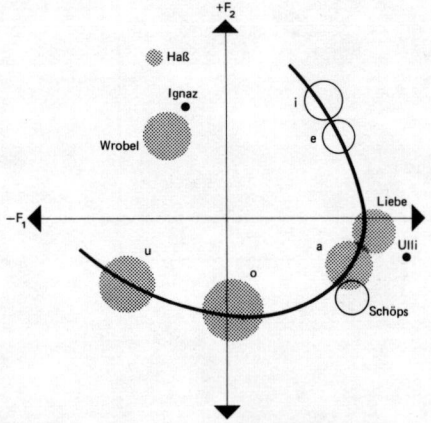

Dieser Umstand erscheint im höchsten Maße bemerkenswert, wenn man sich ver-
gegenwärtigt, daß das aus allen Phonetiken bekannte sog. Vokaldreieck (das
graphisch selbstverständlich auch als Halbkreis und spiegelbildlich dargestellt werden könnte) eine völlig kongruente Form aufweist, nämlich:

```
   i         u
     e    o
        a
```

Es ist kaum anzunehmen, daß diese frappante Übereinstimmung zufälliger Natur ist. Vielmehr scheint sich hier mit seltener Deutlichkeit der schon von Werner gegebene Hinweis auf die Bedeutung der Sprechorganik für das Expressivitätserlebnis zu bestätigen. Das Schema des schon 1781 von Hellwag aufgestellten Vokaldreiecks beruht ja auf den artikulatorischen Bedingungen für das Zustandekommen der fünf Kardinalvokale. Es gibt die Orte für die bei der Artikulation der Vokale entstehenden Engen zwischen Zunge und Palatum bzw. Velum an, bei *i* an der Vorderzunge und *u* an der Zungenwurzel[1] Neuerdings konnte übrigens dieses Schema durch akustische Messungen auch empirisch gesichert werden. H. H. Wängler[2] hat bei seinen Versuchen gefunden, daß für die spezifischen Klangfarben der Vokale jeweils zwei sog. Formanten verantwortlich sind, bestimmte Partialtongebiete aus einem von ca. 270 Hz bis 2400 Hz reichenden Schallfrequenzspektrum. In einer durch die Formanten eins und zwei konstituierten Ebene ergibt sich, wie die Graphik S. 82 zeigt, sehr klar das Grundschema des Vokaldreiecks. Aktualisiert werden die Formanten durch jeweils verschiedene charakteristische Größen- und Formverhältnisse des menschlichen Ansatzrohrs. Man kann also davon ausgehen, daß das psychophysiologische Substrat für die expressive Wirkung der Laute diejenigen, vor allem vegetativen Funktionen[3] sind, die mit der jeweiligen Artikulationsweise synchron gehen.

Für die späteren Einzelinterpretationen von Namen werden des öfteren die Lautqualitäten mit herangezogen werden. Deshalb sollen nun die in der Untersuchung erarbeiteten Werte für die einzelnen Laute, soweit für sie Profile vorliegen, kurz im Zusammenhang dargestellt werden. Die Profile der Gruppenmittelwerte der 24 Polaritäten für jeden Laut zeigen Beibl. 12-14, S. 83ff. In den auf S. 86-88 folgenden Tabellen werden jeweils die am stärksten ausgeprägten physiognomischen Qualitäten eines Lautes aufgeführt (in der Reihenfolge abnehmender Ausgeprägtheit).[4]

---

[1] Vgl. Dieth, Vademecum der Phonetik, S. 209.
[2] Grundriß einer Phonetik d. Dt. mit einer allgem. Einführung in die Phonetik, Marburg 1967, Abb. 37.
[3] Vgl. dazu Walter Rudolf Hess, Die funktionelle Organisation des vegetativen Nervensystems, Basel 1948.
[4] Die zweite Zahlenkolumme gibt den absoluten Abstand von der Indifferenzachse (4,00) an.

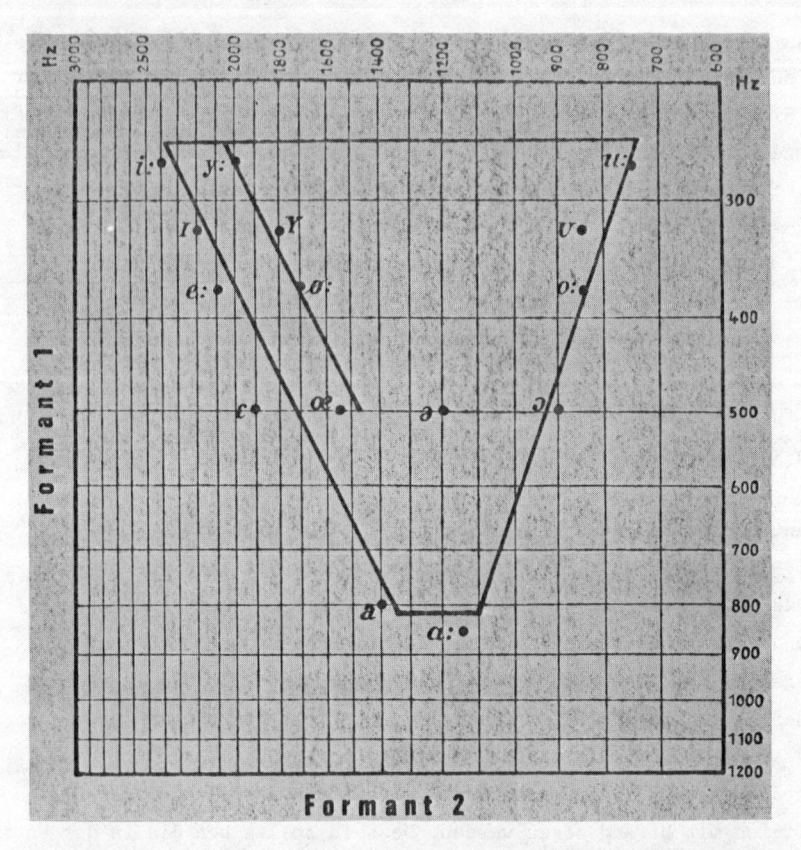

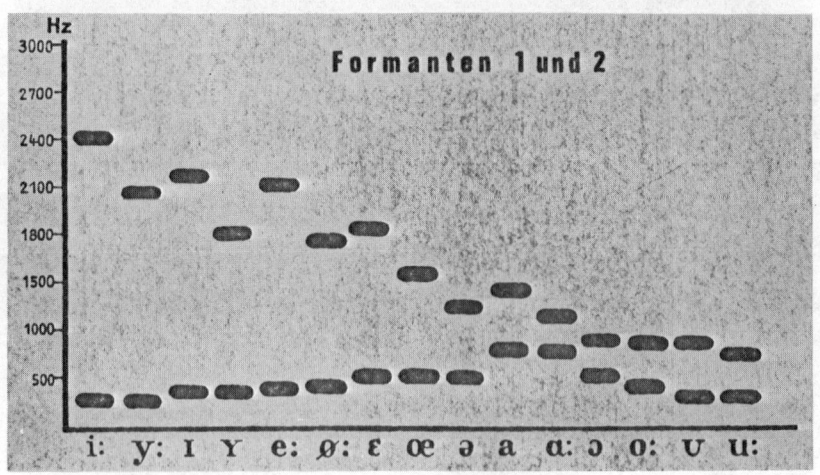

aus: H.H.Wängler, Grundriß einer Phonetik des Deutschen, Marburg [2]1967

Beiblatt 12

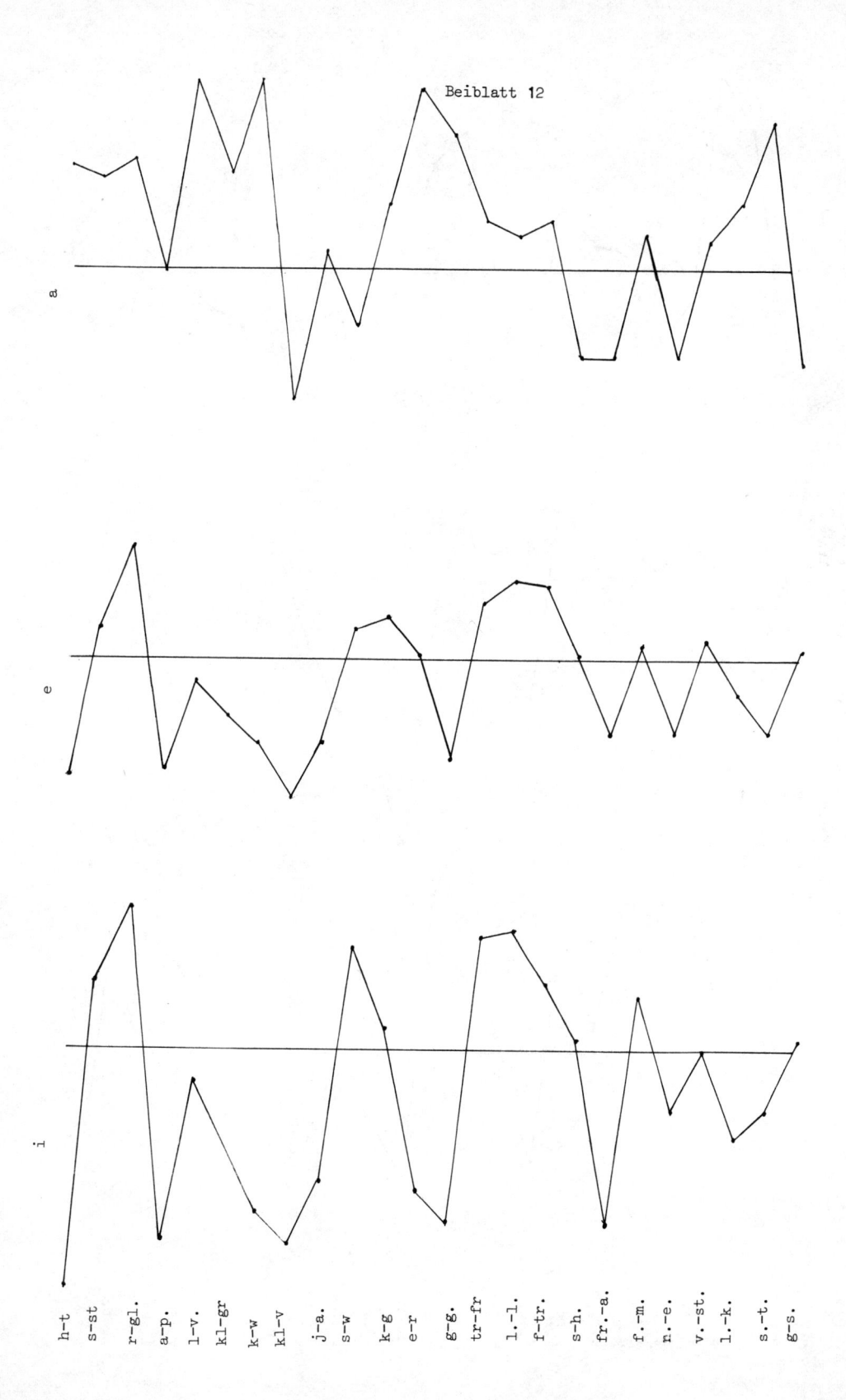

Beiblatt 13

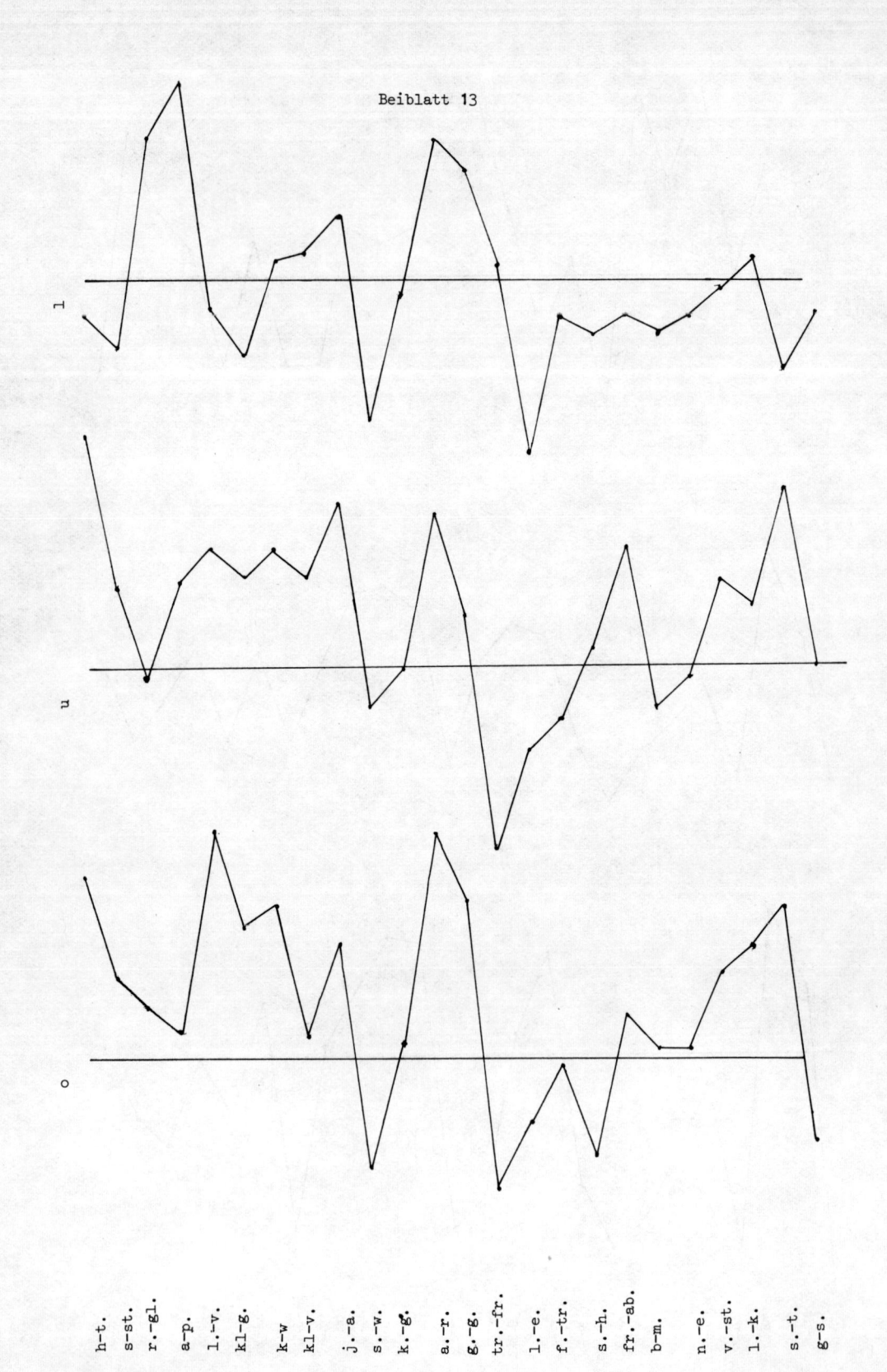

Beiblatt 14

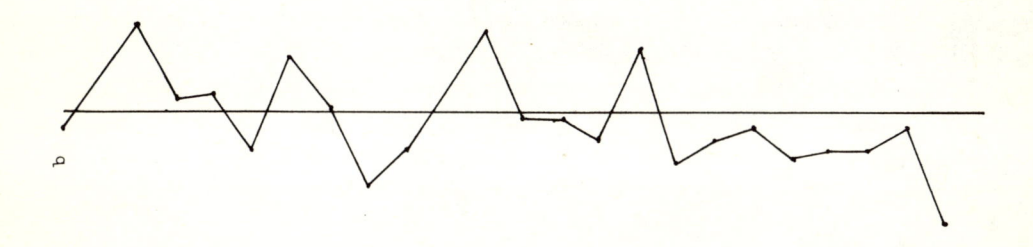

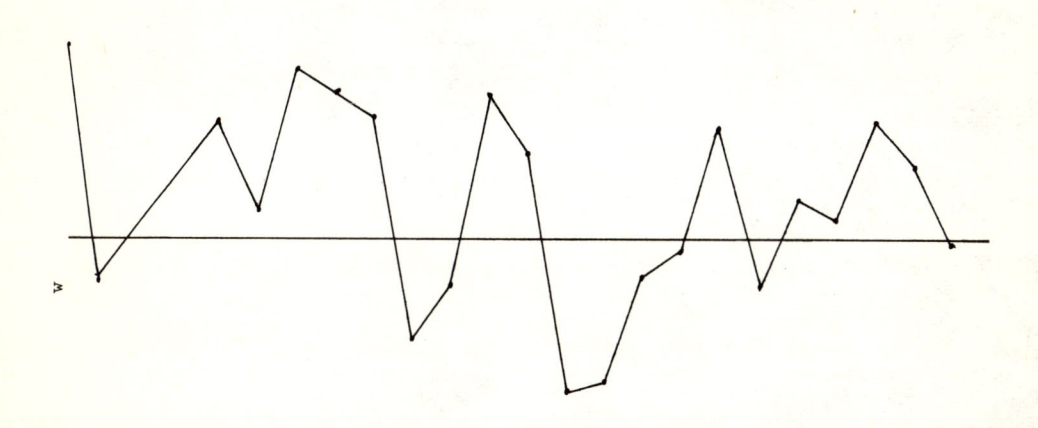

der Laut i

hoch	1,25	2,75
klar	1,75	2,25
aktiv	1,81	2,19
gespannt	2,00	2,00
frisch	2,00	2,00
kalt	2,12	1,88
eckig	2,38	1,62

der Laut e

klar	2,44	1,56
hoch	2,56	1,44
glatt	5,31	1,31
aktiv	2,75	1,25
gespannt	2,87	1,13
laut	4,94	0,94
jung	3,06	0,94
kalt	3,06	0,94

der laut a

warm	6,28	2,28
voll	6,24	2,24
rund	6,14	2,14
tief (Gegens.seicht)	5,71	1,71
gelöst	5,57	1,57
klar	2,50	1,50
glatt	5,28	1,28
tief (Gegens.hoch)	5,21	1,21
groß	5,14	1,14
stark	5,08	1,08
gut	2,93	1,07

der Laut o

rund	6,68	2,68
voll	6,62	2,62
tief (Gegens.hoch)	6,06	2,06

gelöst	5,81	1,81
warm	5,75	1,75
tief (Gegens.seicht)	5,75	1,75
groß	5,50	1,50
traurig	2,50	1,50
alt	5,31	1,31

der Laut u

tief (Gegens.hoch)	6,68	2,68
tief (Gegens.seicht)	6,12	1,12
traurig	1,93	2,07
alt	5,93	1,93
rund	5,81	1,81
abgestanden	5,44	1,44
voll	5,38	1,38
warm	5,06	1,06
verschwommen (Gegens.klar)	5,06	1,06

der Laut l

passiv	6,26	2,26
leise	2,00	2,00
rund	5,68	1,68
glatt	5,65	1,65
sanft	2,39	1,61
gelöst	5,26	1,26
seicht	3,00	1,00
klein	3,13	0,87
schwach	3,21	0,79

der Laut w

tief (Gegens.hoch)	5,83	1,83
warm	5,61	1,61
traurig	2,55	1,45
verschwommen	5,44	1,44
rund	5,39	1,39
leise	2,61	1,39
alt	5,17	1,17

voll	5,11	1,11
konservativ	5,11	1,11
abgestanden	5,06	1,06

der Laut *b*

glatt	4,83	0,83
rund	4,78	0,78
jung	3,27	0,73
trocken	4,61	0,61
warm	4,50	0,50
schön	3,50	0,50

Die Affinitäten zwischen den Lauten und den 14 bei der Faktorenanalyse verwendeten Appellativen lassen sich wiederum in Profilen darstellen, deren Profilpunkte die (zwischen +1 und -1 liegenden) Korrelarionswerte (Q-Werte) zwischen einem Laut und dem jeweiligen Wort bilden (s. Beibl. 15 u. 16, S.89f. Die genauen Q-Werte der Affinitäten zeigt die folgende Tabelle:[1]

	i	e	a	o	u	l	w	b
Heiterkeit	30	36	73	26	-28	10	-25	56
Gesundheit	43	45	67	19	-32	-11	-38	47
Liebe	10	12	80	49	03	06	04	56
weiblich	-12	00	66	42	-03	57	23	68
Intelligenz	66	60	39	-01	-31	-42	-53	27
männlich	50	40	30	-04	-28	-65	-53	03
Milde	-39	-25	68	71	37	66	48	50
Ruhe	-41	-28	70	76	49	55	48	44
Zorn	43	30	09	-19	-22	-76	-36	-09
Gefahr	49	40	-18	-42	-39	-75	-55	-25
Würde	-23	-13	50	68	43	40	37	29
Haß	26	14	-28	-23	04	-78	-21	-54
Ermüdung	-76	-65	-24	24	54	63	72	-05
Langeweile	-51	-43	-50	-03	33	54	48	-14

Ihre Position im Raum der Primärkonnotationen erhalten

---

[1] Die Q-Werte sind ohne 0,... geschrieben.

Beiblatt 15

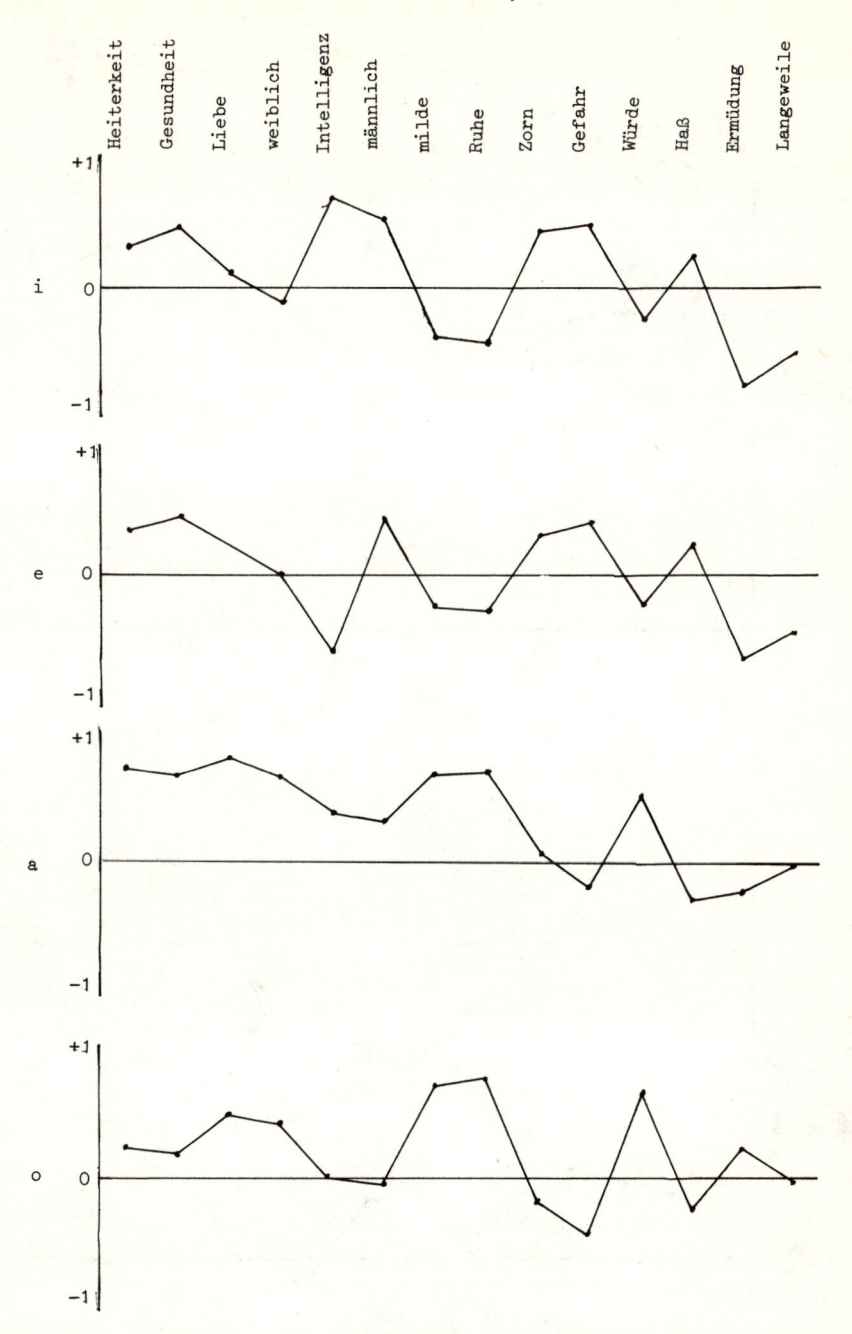

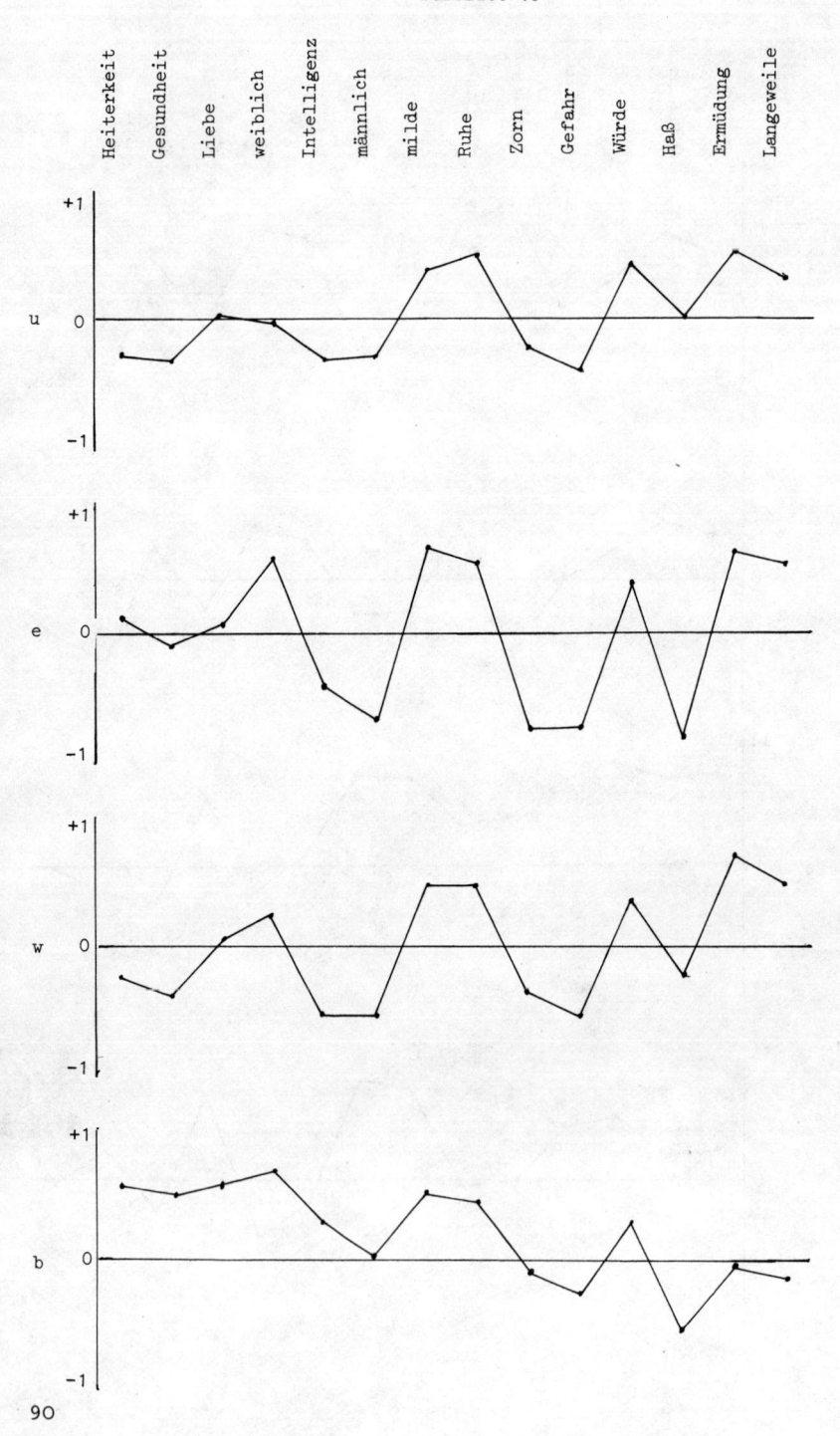

Beiblatt 16

die Laute durch folgende Faktorenladungen:[1]

	Affektladung F_1	Motorik F_2	Masse F_3
i	+54	+59	-45
e	+59	+40	-41
a	+61	-25	+64
o	+02	-45	+86
u	-50	-35	+73
l	+03	-92	-06
w	-46	-61	+55
b	+62	-44	+13

Gero von Wilpert bemerkt in seinem 'Sachwörterbuch der Literatur'[2] unter dem Stichwort *Klang*: "Dichtung als gesprochenes Wort besitzt neben Rhythmik als prosodischer und Melodie als musikalischer Gliederung einen Klangleib mit eigenen magischen Stimmungs- und Ausdruckswerten ..., die nur in Verbindung mit Sinn wirksam werden. Eine absolute Aussagekraft der Klänge und Laute dagegen ist eine beliebte Täuschung ..." Nach den Ergebnissen der Lautuntersuchung dieses Kapitels kann nunmehr eine solche Aussage, wie sie in etwa die herrschende Meinung zu lautlichen Ausdrucksphänomenen wiedergibt, in mancherlei Hinsicht modifiziert werden. Einmal konnte die Beschreibung expressiver Lautqualitäten gegenüber unscharfen Andeutungen wie "magische Stimmungs- und Ausdruckswerte" bedeutend erweitert und spezifiziert werden. Sodann kann die Annahme, daß diese Qualitäten "nur in der Verbindung mit Sinn wirksam werden", als widerlegt gelten, und schließlich ist es jetzt zumindest wahrscheinlich geworden, daß bei konsequenter Beachtung der strukturellen Gesetze der deutschen Sprache und bei sorgfältiger Abschätzung des Anteils - soweit vorhanden - der Sinnphäre sowie des graphischen Aspekts von einer dann zwar nicht 'absoluten', aber doch jeweils recht genau relativierbaren Stabilität der Lautqualitäten ausgegangen werden kann. Mithin ist die in der Folge geübte Praxis als legitim anzusehen,

---

[1] Durch ein technisches Versehen ist der Konsonant *r* nicht in die Faktorenanalyse eingeführt worden, doch liegt sein Profil vor. Nach dessen Werten ist es recht wahrscheinlich, daß *r* sich vor allem durch eine hohe motorische Ladung ausgezeichnet haben würde. Die Qualitäten 'rauh' (1,74), 'aktiv' (2,17), 'stark' (5,78), 'mutig' (5,78) und 'wild' (5,40) stechen besonders hervor.
[2] Stuttgart 1961.

als Ergänzung der linguistischen Interpretation und unter deren Führung die mit den Methoden des Polaritätenprofils erarbeiteten physiognomischen Eigenschaften auch von Einzellauten mit heranzuziehen.

Generell scheint es, als würde die Einführung der hier vorgeschlagenen empirisch-psychologischen Methoden in den Bereich der sprachlichen Expressivitätsforschung eine Reihe echter Chancen eröffnen, die in einer einzigen Abhandlung nicht annähernd auszuschöpfen sind. Wichtig ist vor allem die sich abzeichnende Möglichkeit, für diese sehr diffizile Problematik endlich einige wirklich überprüfbare Kriterien zu erhalten.

Auch für die Alltagspraxis der Literaturwissenschaft lassen sich positive Konsequenzen absehen. Bei fast jeder Gedichtinterpretation ist der Komplex der Lautbedeutsamkeit und der sphäriellen Wertigkeit bestimmter Wörter ein echtes Problem, und die Spekulationen blühen hier oft allzu üppig. Nun aber können Aussagen dieser Art zumindest teilweise objektiviert werden und gewinnen damit an Verbindlichkeit.

Nebenbei bemerkt könnten ähnliche Verfahren wie das beschriebene – entsprechend weiterentwickelt – bei den in Gang befindlichen Versuchen mit Computer-Übersetzungen eventuell dazu beitragen, manche auf der rein semantischen Programmierung der Rechner beruhende Unebenheiten zu glätten. Vorerst jedoch muß das Hauptaugenmerk auf das Bestreben gerichtet sein, die beschriebenen, von der empirischen Psychologie bereitgestellten Methoden für die wissenschaftliche Sprachbetrachtung zuzubereiten und ihnen so einen optimalen Gebrauchswert für den Bereich der sprachlichen Expressivitätsforschung zu geben.

B. Der assoziative Anteil des expressiven sprachlichen Umfelds

Unter Assoziationen sollen in dieser Untersuchung im Unterschied zu den ganzheitlich-intuitiven Primärkonnotationen cerebrale Abläufe verstanden werden, die - unabhängig von dem jeweiligen aktuellen Grad ihrer Bewußtheit - grundsätzlich wichtige strukturelle Merkmale des bewußten Denkens aufweisen, indem sie stets den Verzweigungen eines erlernten Systems von konkreten formalen oder inhaltlichen Zusammenhängen folgen.
In methodischer Hinsicht sind diese Assoziationen, was den sprachlichen Raum betrifft, durch die Kenntnis der Strukturen des Sprachsystems und der mit ihm verknüpften außersprachlichen Bedingungen dem linguistischen Instrumentarium recht gut zugänglich, während die Analyse der sprachlichen Primärkonnotationen auf eine enge Kooperation mit der Psychologie, namentlich der neuen Disziplin der Psycholinguistik, angewiesen sein wird.[1]
Die Sprachwissenschaft hat in den letzten Jahren, vor allem durch die ungestüme Fortentwicklung des modernen Strukturalismus, außergewöhnlich starke Impulse erfahren. Freilich konnte es in dieser Situation des Neuaufbruchs zu einer endgültigen methodischen und terminologischen Abstimmung zwischen den zahlreichen Schulen des In- und Auslands noch nicht kommen. Vielen dieser Aktivitäten gemeinsam aber ist heute eine deutliche Rückbesinnung auf ein Werk, das den Beginn der modernen Sprachwissenschaft markiert, den schon 1916 nach noch früher gehaltenen Vorlesungen herausgegebenen 'Cours de linguistique générale' von Ferdinand de Saussure. Dies zeigt u.a. die Tatsache, daß dieses Buch erst 1967 eine durch ein neues Register erweiterte, ansonsten aber unveränderte Neuauflage der deutschen Übersetzung von 1931 erfuhr.[3] Peter v. Polenz schreibt im Nachwort zu dieser Ausgabe:[4] "... weite Teile von de Saussures Buch, vor allem die grundsätzlichen Erörterungen zur linguistischen Methodik, sind noch heute lesens- und beherzigenswert: Seine Unterscheidung zwischen Sprachwissenschaft und Philologie, zwischen Sprache (langue) und Rede (parole), zwischen Synchronie und Diachronie,

---

1 Vgl. die Übersichten über dieses Gebiet in: Psycholinguistics, A Survey of Theory and Research Problems, edited by Charles E. Osgood and Thomas A. Sebeok, with A Survey of Psycholinguistic Research, 1954-1964, by A. Richard Diebold, Jr., Bloomington and London, 1965.
2 Vgl. auch hierzu Bierwisch, Strukturalismus ..., a.a.O., sowie B. Malmberg, New Trends in Linguistics, an Orientation, translated from the Swedosh original. Stockhol-Lund 1964.
3 F. de Saussure, Grundfragen d. allgem. Sprachwissensch., Berlin 1967.
4 A.a.O., S. 293.

zwischen außersprachlichen und innersprachlichen Erscheinungen, zwischen
Anreihungsbeziehungen (syntagmatischen) und assoziativen Beziehungen (heute:
paradigmatischen bzw. Wortfeldbeziehungen) ..., über Beliebigkeit und relative Motiviertheit des sprachlichen Zeichens und vor allem über den Charakter des sprachlichen Zeichens selbst mit seiner Konsubstantialität von
Bezeichnendem (signifiant, Signifikant) und Bezeichnetem (signifié, Signifikat)." Für unseren Zusammenhang ist davon besonders das Kapitel über
"Syntagmatische und assoziative Beziehungen" und die Unterscheidung zwischen innersprachlichen und außersprachlichen Gegebenheiten wichtig.
De Saussure unterscheidet vier Arten von innersprachlichen Assoziationen,
die er, ohne sie eigens zu benennen, anhand von Beispielen belegt.[1] "So
besteht bei *enseignement, enseigner, enseignons* usw., *Belehrung, belehren,
er belehrt* ein allen Gliedern gemeinsames Element, der Stamm, aber dasselbe Wort *enseignement, Belehrung* kann auch in einer anderen Reihe enthalten sein, die auf einem anderen gemeinsamen Element beruht, dem Suffix
(vgl. *enseignement, armement, changement, Belehr-ung, Begleit-ung, Erklärung* usw.), die Assoziation kann auch auf einer bloßen Analogie des Bezeichneten beruhen (vgl. *enseignement, instruction, education, apprentissage,
Belehrung, Unterricht, Erziehung, Ausbildung* usw.) oder sogar auf der bloßen
Gemeinsamkeit der Lautbilder (z.B. *enseignement* und *justement, Unterricht*
und *Kehrricht*)."[2]

```
                    Belehrung
       belehren   Erziehung  Bekehrung   Erklärung
       er belehrt Unterricht Bescherung  Beschreibung
       lehren     Ausbildung Bewährung   Vertreibung
       usw.       usw.       usw.        usw.
        1          2          3           4
```

Die in Reihe 2 des obigen Schemas enthaltenen Assoziationen sollen hier
'semantische', die in Reihe 3 'lautliche' und in Reihe 1 und 4 'morphosyntaktische Assoziationen' genannt werden. Darüber hinaus müssen für das
Gebiet der Namen, da sie hier von größerer Bedeutung sind als bei anderen
Wörtern, noch 'graphische', 'idiomabhängige' und außersprachliche Assoziationen berücksichtigt werden. Ebenfalls eine größere Rolle als bei

---

[1] Vgl. dazu Stephen Ullmanns Erläuterungen zu den de Saussureschen
  Assoziationsklassen in: Grundzüge der Semantik, Berlin 1967, S. 71ff.
[2] A.a.O., S. 150.

vollwertigen Wörtern spielen die lautlichen Assoziationen für die Namen, da zwangsläufig mit der Verringerung des lexikalischen Gehalts beim Namen die anderen Assoziationsarten mit Ausnahme vielleicht der morphosyntaktischen gegenüber den sonst dominierenden semantischen Assoziationen an Bedeutung gewinnen. Zudem entfällt hier eine für den übrigen sprachlichen Bereich geltende Regel, wonach das Auftreten von phonetischen Assoziationen eingeschränkt und diese zu 'Kalauern' abgewertet werden, "denn der Geist schaltet von selbst solche Assoziationen aus, die geeignet sind, das Verstehen zu stören..."[1]

Neben den bisher genannten Assoziationsarten sind Mischformen möglich. Es handelt sich dabei um Assoziationen, die nur durch das gleichzeitige Wirksamwerden von Elementen aus verschiedenen der angeführten Kategorien zustande kommen können. Ein Beispiel wird etwa im Rahmen der Interpretation des expressiven Umfelds des Namens *Josef Bumba* vorgeführt werden.

Die bei weitem häufigste Assoziationsart ist üblicherweise, wie schon angedeutet, die semantische Assoziation (SA). Beim Namen dagegen hängt ihr Auftreten ganz von dessen lexikalischem Gehalt ab, der ja in vielen Fällen gänzlich fehlt. Bei einem Namen wie *Joachim Friedrich Reinersdorff* wären solche semantischen Assoziationen die Vorstellungen 'Friede', ausgehend von dem Monem *Fried-*, 'rein', 'klar' von *Rein-* und 'Dorf', 'ländlich' etc. von *-dorff*. In ihrem Zusammenwirken ergeben diese SA das Vorstellungsgemälde einer friedlichen Idylle in einer heilen ('rein') Welt und, auf die Person bezogen, das Bild eines geradlinigen, friedlichen Ackersmanns. Diese Vorstellungen werden allerdings durch Assoziationen, die zu anderen Klassen gehören, modifiziert und ergänzt (vgl. u. S. 96).

Die lautlichen Assoziationen (LA) treten im Zusammenhang mit Namen recht häufig auf. Es binden sich hier Lautkombinationen des Namens an Lexeme der deutschen Sprache mit ähnlich klingenden Phonemsequenzen an. Bei dem Namen *Josef Bumba* etwa: *Bumba* $\xrightarrow{LA}$ *Bombe* oder *Bumb-* $\xrightarrow{LA}$ *plump*.

Reine graphische Assoziationen dürften Ausnahmefälle sein, doch kann die graphische Form in Verbindung mit anderen sprachlichen oder außersprachlichen Aspekten des Namens die Entstehung bestimmter Assoziationen sicherlich fördern. Wenn beispielsweise in dem erwähnten Walser-Zitat u.a. auch die Assoziationen 'Busen' und 'Bikini' im Zusammenhang mit dem Namen *Bianca* erscheinen, so spielt neben der teils idiomabhängigen (Definition s.u. S.96),

---

1 A.a.O., S. 150.

teils außersprachlichen Assoziationskette 'Bianca' ⟶ 'Italien' ⟶ 'Urlaub' ⟶ 'Strand' ⟶ 'Bikini' ⟶ 'Busen' und der Tatsache der gleichen b- bzw. bi-Anlautphoneme bei *Bianca*, *Busen* und *Bikini* höchstwahrscheinlich die in dieser Richtung suggestive graphische Gestalt des großen *B* eine nicht zu unterschätzende Rolle.[1]

Für die hier 'morphosyntaktisch' genannten Assoziationsformen sind Analogievorstellungen relevant, die die morphematische Feinsyntax eines Wortes oder dessen Wortfelds betreffen. Im gemeinsprachlichen Bereich sind bereits die de Saussureschen Beispiele angeführt worden. Für das Gebiet der Namen kann sieder die Form *Joachim Friedrich Reinersdorff* herangezogen werden. Eine von diesem Namen ausgehende an sich außersprachliche Vorstellung 'vornehm, adelig' etwa könnte darauf zurückgeführt werden, daß zu dem Typus *Reinersdorff* (Siedlungsnamentypus:[2] genitivisches Bestimmungswort + Ortsbezeichnung als Grundwort) andere Namen mit identischem Syntagma wie *Reinhardsried*, *Waltersbrunn*, *Waltersberg*, etc. assoziiert werden und daß diese Struktur als eines der klassischen Bauprinzipien von Adelsnamen erkannt wird. Diese Vorstellung 'vornehm' wird übrigens noch verstärkt durch die gewählt wirkende barocke Schreibung *ff* in *-dorff*.

Was die idiomabhängigen Assoziationen (IA) angeht, so soll dieser Terminus in einem sehr weiten Sinne verstanden werden, der keinen Unterschied zwischen Mundarten und Sprachen macht[3], sondern ganz allgemein alle Assoziationen meint, die durch Kriterien ausgelöst werden, die positive oder negative Indizien im Hinblick auf die Zugehörigkeit des fiktiven Namenträgers zu einer bestimmten Sprechergruppe liefern. So wird etwa auch die Vorstellung 'ausländisch, fremd' beim Namen *Josef Bumba* die durch die im Deutschen als Endsilbe nicht vorkommende (vgl. u. S. 99) Phonemsequenz -ʾa hervorgerufen wird, als IA gewertet. Als Beispiel für eine durch ein mundartentypisches Merkmal evozierte Assoziation mag die früher erwähnte, im Zusammenhang mit dem Namen *Uli Brugger* aufgetretene Vorstellung 'Sportlehrer' dienen. *Brugg(e)*, *(bruck)* ist eine (umlautlose) bairisch-

---

[1] Vgl. auch *BB* als Abkürzung der Illustrierten für Brigitte Bardot.
[2] A. Bach spricht von "Wohnstätten- oder Besitzname", Dt. Namenkunde I, 2, § 438.
[3] Diese Setzung scheint erlaubt, nachdem neben anderen z.B. Hammerström auf die ohnehin oft schwierige Abgrenzung von Sprache und Dialekt verweist: Linguistische Einheiten im Rahmen der modernen Sprachwissensch., Berlin-Heidelberg-New York 1966, S. 93.

österreichische Form von *Brücke*[1], und *Brugger* ist "der an (bei, von) der Brücke, oder aus Bruck, Brugg".[2] Die Assoziationskette nimmt deshalb den Verlauf 'Österreich' ⎯⎯→ 'Innsbruck' ⎯⎯→ 'Wintersport' ⎯⎯→ 'Skilehrer' ('Sportlehrer').

Außersprachliche Assoziationen (AA) treten immer dann auf, wenn ein Name oder Namenteil Bestandteil bestimmter 'konventionierter' Vorstellungen, d.h. eines bestimmten, allgemein bekannten Wissenszusammenhanges ist, so wenn sich etwa bei dem an sich landläufigen und gewöhnlichen Namen *Schubert* Assoziationen aus dem Bereich der Musik einstellen oder wenn z.B. das Bild des biblischen Zimmermanns das expressive Umfeld des Vornamens *Josef* mitbestimmt. Es geht also hier um die Beziehung des Zeichens zu Verhältnissen oder Dingen der Wirklichkeit (Gardiner-Ullmanns "thing meant"[3]), in unserem Fall um bestimmte frühere Träger des Namens.

In der Folge soll an einigen paradigmatischen Beispielen gezeigt werden, welche praktischen Möglichkeiten ein Vorgehen bietet, das aus der hier angedeuteten linguistischen Betrachtungsweise und den zuvor entwickelten psychologischen Kategorien eine möglichst weitgehend integrierte sprachwissenschaftlich-psycholinguistische Methode für die Analyse des expressiven Umfelds von Namen zu entwickeln sucht.

---

[1] Vgl. Paul/Mitzka, Mhd. Grammatik, Tübingen 1959, S. 69, § 41 Anm. 7 u. S. 115, § 93 Anm. 1; Eberhard Kranzmayer, Hist. Lautgeographie d. gesamtbairischen Dialektraums, Wien 1956, S. 107, § 37b; Virgil Moser, Frühneuhochdeutsche Grammatik, I, Lautlehre, Heidelberg 1929, S. 53 § 30 Anm. 14; Max Gottschald, Deutsche Namenkunde, Berlin 1942, S. 185, Stichwort *Brug(g)*.
[2] Josef Karlmann Brechenmacher, Etymologisches Wörterbuch d. dt. FN, Limburg 1957, S. 228, Stichwort *Brucker, Brugger*; vgl. auch Gottschald, a.a.O.
[3] Vgl. Alan Gardiner, The Theory of Speech and Language, Oxford 1951, S. 29ff., 58ff.; Stephen Ullmann, The Principles of Semantics, Oxford 1957, S. 70f.

C. Nameninterpretationen

1. *Josef Bumba*

a) Testergebnisse

Der Name *Josef Bumba* wurde, wie erwähnt, von 81 % der Vpn. dem Beruf des Straßenbahnschaffners zugeordnet, als es darum ging, aus den Rollen Generalkonsul, Oberkirchenrat, Experimentalphysiker, Straßenbahnschaffner und Heimatdichter die für ihn passendste zu finden.

Sein Polaritätsprofil hat folgendes Aussehen (Durchschnittswerte von 49 Versuchspersonen):

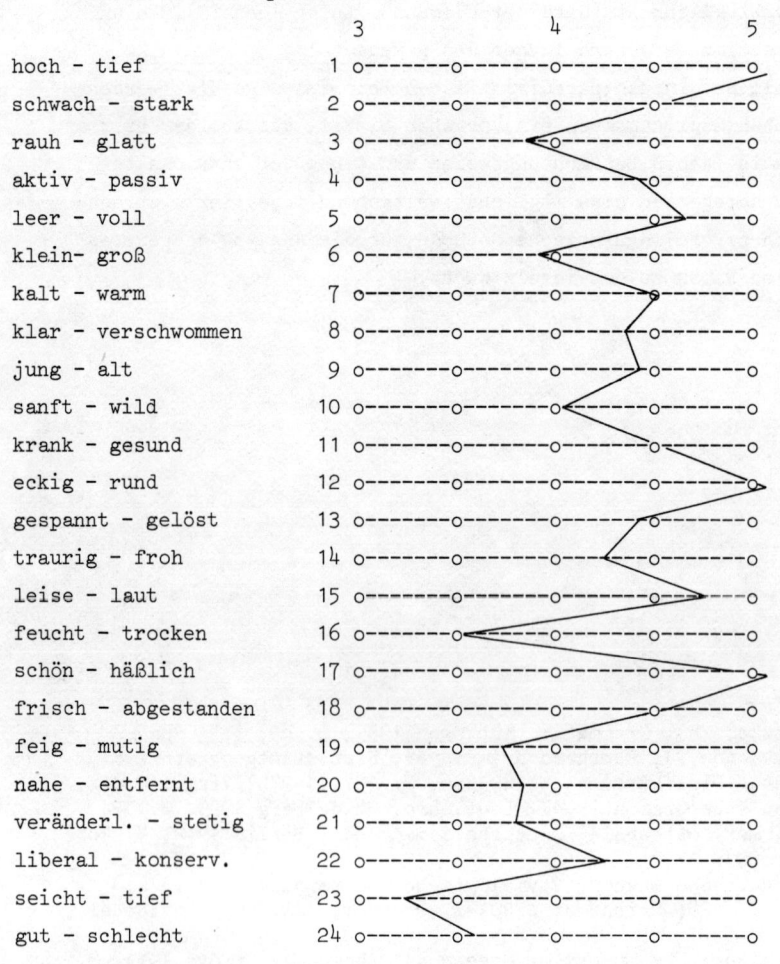

		3	4	5
hoch – tief	1			
schwach – stark	2			
rauh – glatt	3			
aktiv – passiv	4			
leer – voll	5			
klein – groß	6			
kalt – warm	7			
klar – verschwommen	8			
jung – alt	9			
sanft – wild	10			
krank – gesund	11			
eckig – rund	12			
gespannt – gelöst	13			
traurig – froh	14			
leise – laut	15			
feucht – trocken	16			
schön – häßlich	17			
frisch – abgestanden	18			
feig – mutig	19			
nahe – entfernt	20			
veränderl. – stetig	21			
liberal – konserv.	22			
seicht – tief	23			
gut – schlecht	24			

b) Interpretation

Innersprachliche Assoziationen

Bumba $\xrightarrow{LA}$ Bombe Die Phonemsequenz -ba in Bumba wird durch -be substituiert, da -ba im Deutschen als Endsilbe nicht vorkommt.[1] Was die Substitution des Tonsilben -u durch o betrifft, so läßt sich in vielen Dialekten eine Vertretung des kurzen o durch u beobachten (z.B. südhess. sun für Sonne)[2]. Zudem ist die lautliche Assoziation Bombe deswegen naheliegend, weil, so scheint es, kein anderes Lexem der deutschen Sprache mit dem Konsonantengerüst B-mb- existiert. Allenfalls wäre der vom italienischen bambino abgeleitete und durch Walt-Disney-Filme und Filmpreisverleihungen auch im deutschen Sprachraum populär gewordene Name Bambi zu nennen, doch ist das hier in der Tonsilbe auftretende a sowohl im Vokaldreieck als auch in der Konfiguration der Vokale im Raum der Primärkonnotationen von dem u in Bumba weiter entfernt als das o in Bombe. Ganz analoge Relationen bestehen bei den Endsilbenvokalen: das i in Bambi steht dem a von Bumba weniger nahe als das e in Bombe.

Die mit der LA Bombe verbundenen Vorstellungen sind: 'rund', 'schwer', 'Explosion' ('laut'), 'Energie' ('stark'). Tatsächlich zeigen sich im Profil für Josef Bumba bei den Polaritäten 'eckig - rund', 'leise - laut' und 'schwach - stark' eindeutige Ausschläge nach 'rund' (5,11), 'laut' (4,76), und 'stark' (4,62).

Bum- $\xrightarrow{LA}$ bum(-bum) Mit der Interjektion bum bzw. der kindersprachlichen Reduplikation bum-bum, die durch den gleichen Anlaut der beiden Silben des Namens Bumba gefördert wird,

---
[1] Bei E. Mater, Rückläufiges Wörterbuch d. dt. Sprache, Leipzig 1965, S. 1 sind nur die Stichworte Saba, Elba, Kuba, Tuba, Basstuba aufgeführt, also nur Eigennamen und ein seltenes Lehnwort aus dem Lateinischen.
[2] Vgl. V. M. Schirmunski, Deutsche Mundartkunde, Vergleichende Laut- und Formenlehre d. dt. Mundarten, Berlin 1962, S. 252.

verbinden sich die Vorstellungen: 'kindlich', 'laut' (Pol 15 : 4,76). 'Kindlich' hier aber nicht im Sinne von 'jung, verspielt', sondern wohl eher 'einfältig, oberflächlich' und (im Zusammenhang mit *plump*, s. nächster Absatz) 'täppisch-gutmütig', 'primitiv'. Das zeigt die Polarität 'jung-alt', die mit dem Wert 4,43 mehr nach 'alt' hin tendiert, während bei 'seicht-tief' ein starker Ausschlag (3,29) für 'seicht' zu beobachten ist. Die Vorstellung 'gutmütig' wird durch die Pol. 24 abgestützt: 3,56 für 'gut'. Außerdem dürfte der durch die LA *bum-bum* hervorgerufene Eindruck des Kindlichen, Einfältigen mit dazu beitragen, daß bei der Polarität 'klein-groß' trotz der ausgeprägten Werte für 'stark' und 'voll' mit 3,90 eine leichte Tendenz nach 'klein' erscheint.

Bumb ——LA——► *plump*   Die LA *plump* entsteht auf dem Weg über Anlautverhärtung plus Konsonantensprossung, beides von mundartlichen Formen her geläufige Vorgänge (z.B. *Butter* —————— *Putter*[1] bzw. *Pumpe* —————— *Plumpe*[2] im Ostmd.). Im Auslaut sind im Deutschen die Phoneme b und p neutralisiert. Sinnverwandte des Adjektivs *plump* sind nach Duden[3] die Kennzeichnungen *vierschrötig, klobig, grobschlächtig, ungefüge*. "Auf den Menschen bezogen", enthält das Wort "eine negative ästhetische Wertung." Eine solche ästhetische Wertung nimmt am ehesten die Polarität 'schön-häßlich' vor, die denn auch mit dem dritthöchsten Wert des gesamten Profils (5,04) in die Richtung 'häßlich' zeigt.

---

[1] Nach Richard v. Kienle, Hist. Laut-u. Formenlehre d. Dt., Tübingen 1960, S. 107, erscheint seit spätmhd. Zeit statt *b* "im Anlaut einer Reihe von Wörtern vor Vokal oder vor *r, l* die Schreibung *p-*, deren Ursache dunkel ist. Vor allem im Ostmd. wird diese Verhärtung frühnhd. sehr deutlich ..."
[2] *Pumpe*, das übrigens von span. portug. *bomba* herkommt, ist nach Kluge-Mitzka, Etymol. Wb. d. dt. Spr. 19, S. 570, seit 1564 vor allem in ostmd. Landschaften als *Plumpe* bezeugt. Vgl. auch Mitzka, Schles. Wb., Stichwort *Plumpe*.
[3] Synonymwörterbuch, Stichwort *plump*.

-ba $\xrightarrow{IA}$ *ausländisch, fremd* Die Phonemsequenz *-ba* kommt im Dt. als Endsilbe nicht vor (vgl. S. 99, Fußn. 1) und ruft deshalb den Eindruck des Fremdartigen hervor. Im Zusammenhang mit den schon entwickelten Qualitäten 'plump', 'primitiv' wird daraus: 'fremdländisch-tiefstehend'. An dieser Stelle gerät die Assoziationskette schon in den Sog des durch den Rollentest gegebenen Reizes *Strassenbahnschaffner* als des rangniedrigsten der angegebenen Berufe, den sie über die außersprachliche Zwischenassoziation *Gastarbeiter* (niedere Arbeit, Ausländer[1]) leicht erreicht.

Außersprachliche Assoziationen

Josef $\xrightarrow{AA}$ 'gütig', 'einfach', 'volkstümlich', 'sozial tiefstehend'. Der Vorname *Josef* erinnert an das biblische Vorbild und evoziert das Bild des schlichten, frommen und armen Zimmermanns[2], wodurch die aufgeführten AA zustande kommen. Die Assoziation 'gütig' ist durch die Polarität 24 (3,56) belegt und die Vorstellung 'tiefstehend' findet eine deutliche Entsprechung in dem sehr weiten Ausschlag nach 'tief' bei der Polarität 'hoch-tief' (5,23). Bei dieser Assoziation sowie bei den AA 'einfach', 'volkstümlich' ist sicher auch die Tatsache von Bedeutung, daß der Vorname *Josef* - zumindest bei der älteren Generation (pol. 9: 4,43) - ungemein verbreitet ist, besonders auf dem Lande und besonders im katholischen Bayern[3], wo er in der

---

1 Hierbei handelt es sich nicht um persönliche Wertungen des Verf., sondern um wahrscheinliche Assoziationen des Sprachkollektivs.
2 Eine gewisse Rolle könnten in diesem Zusammenhang neben dem alttestamentarischen Joseph, der im Religionsunterricht behandelt wird, auch die österreichischen Herrscher spielen; doch ist Josef, der Zimmermann, von allen Trägern des Namens bei weitem am stärksten im Bewußtsein des Durchschnittsdeutschen verankert. Seit dem 15. Jh. genießt er volkstümliche Verehrung. Gregor XV. machte 1621 seinen Gedächtnistag (19. März) zum gebotenen Feiertag und Benedikt XIII. fügt seinen Namen 1729 in die Allerheiligenlitanei ein. Pius IX. schließlich erklärt ihn 1870 gar zum Patron der Gesamtkirche. Vgl. Bächtold-Stäubli, Hwb. d. dt. Aberglaubens Bd. IV, Sp. 774.
3 Josef Karlmann Brechenmacher schreibt 1928 in seinem "Deutschen Namenbuch", S. 113, "Vom 18. Jh. an überflügelt Josef als Taufname langsam den bisher herrschenden Johannes, und heute wiegen auf dem Lande die 'Sepp' entschieden vor."

dialektspezifischen Kurzform (*Sepp, Seppl*) beinahe
appellativischen Rang erreicht hat als Kennzeichnung
der knorrig-rauhbeinigen, volkstümlich-lebensfrohen
Vertreter dieses deutschen Stammes. Allerdings sind
die hier zusätzlich eingeführten Kennzeichnungen
'rauh' und 'lebensfroh' keine sehr ausgeprägten
physiognomischen Qualitäten des Namens, wie die Werte
der Polaritäten 'rauh-glatt' (3,82) und 'traurig-
froh' (4,23) deutlich machen. In Männerkreisen gilt
Josef auch als der dümmlich-einfältige betrogene
Ehemann. Deshalb 'feig' und 'gut', 'häßlich', 'pas-
siv', 'alt' und 'seicht'.

-*umba* $\xrightarrow{LA/AA}$ *humba-humba* (Fasching) Hierbei handelt es sich um eine inner-
sprachlich-außersprachliche Mischform der Assozia-
tion. Über die LA *humba-humba* könnte, besonders bei
rheinischen Individuen und Fußballanhängern als AA
die Erinnerung hervorgerufen werden an einen ebenso
derb-primitiven wie eingängigen Fastnachtsschlager
mit dem Refrain "Wir singen humba-humba-täterää ...",
der seit einigen Jahren bei zahllosen Gelegenheiten,
insbesondere Fußballspielen, auch außerhalb der
Faschingszeit gesungen wird. In dieselbe Richtung
gehen in diesem Zusammenhang die von der Interjektion *humba* abgeleitete LA *Humpen* und die über *Bombe*
verlaufende Assoziation *Bombenstimmung*. Hier wären
wieder die Polaritäten 'traurig-froh' (4,23) und
'leise-laut' (4,76) zur Bestätigung heranzuziehen.

Primärkonnotationen

Die für den Namen *Josef Bumba* besonders charakteristischen metaphorischen
Qualitäten sind nach dem Polaritätenprofil (in der Reihenfolge abnehmender
Intensität):[1]

---

[1] Der Name *Josef Bumba* wurde nicht in die Faktorenanalyse eingeführt. Es
kann deshalb hier nur auf den Ebenen der Profil- und z.T. der Affinitätsanalyse gearbeitet werden.

tief (Gegens. hoch)	5,23	1,23
rund	5,11	1,11
häßlich	5,04	1,04
laut	4,76	0,76
seicht (Gegens. tief)	3,29	0,71
gesund	4,65	0,65
voll	4,63	0,63
stark	4,62	0,62
(gut)	(3,56)	(0,44)

Bei den restlichen Polaritäten staffeln sich die Wertungen wie folgt:

abgestanden	4,53	0,53
warm	4,50	0,50
gut	3,56	0,44
feucht	3,57	0,43
alt	4,43	0,43
passiv	4,42	0,42
gelöst	4,39	0,39
verschwommen	4,35	0,35
konservativ	4,25	0,25
froh	4,23	0,23
feig	3,78	0,22
rauh	3,82	0,18
veränderlich	3,86	0,14
nahe	3,88	0,12
klein	3,90	0,10
wild	4,06	0,09

Was die Lautqualitäten des Namens angeht, so dürfte das lange o: in *Josef* die beiden führenden Kennzeichnungen der obigen Liste, 'tief' und 'rund', mit beeinflußt haben, da das PP für o bei diesen Polaritäten ebenfalls zwei seiner ausgeprägtesten Maxima hat: 'tief' 6,06, 'rund' 6,68. Ähnlich bei der Polarität 5, die im o-PP den Wert 6,62 für 'voll' aufweist.

Eine ebenso wichtige Rolle wie das o in dem abgeschliffenen, landläufigen Vornamen spielt sicherlich das betonte u in dem seltenen, markanten Nachnamen *Bumba*, obwohl es hier kurz ist. In seinem Profil schneiden zwar die Qualitäten 'tief', 'rund' und 'voll' mit den Werten 6,68, 5,81 und 5,38 insgesamt etwas schwächer ab als bei o, aber das u kommt beispielsweise

der Vorstellung 'häßlich' mit 4,25 eher entgegen als o, das sich stark
nach 'schön' hinneigt und zeigt im Verhältnis zu dem in diesem Punkt in-
differenten o bei der Affinitätsanalyse eine recht deutliche negative
Korrelation zu dem Begriff 'Intelligenz', was sehr gut zu den bei der
Untersuchung der Assoziationen gemachten Beobachtungen paßt. Sowohl das u
als auch das o können wegen ihrer sehr hohen Masseladungen (+0,73 bzw.
+0,86) und ihrer negativen Motorikladungen (-0,35 bzw. -0,45) für den Eindruck des Schwerfälligen, Plumpen, Klobigen, den der Name *Josef Bumba*
suggeriert, mit verantwortlich gemacht werden.

Unter den Konsonanten nimmt das *b* durch sein zweimaliges Auftreten, seine
Position am Anfang des Nachnamens und im Anlaut der Zweitsilbe des Nachnamens und zusätzlich durch die Großschreibung im ersten Fall die graphisch-
phonetisch überragende Stellung ein.

Da das Profil für *b* keine sehr großen Maxima aufweist, ist es hier ratsam,
ausschließlich Werte, die die statistisch noch wesentlich besser abge-
sicherte Affinitätsanalyse für *b* erbracht hat, heranzuziehen. Dabei zeigt
sich, daß der Laut *b* stark positiv korreliert mit den Begriffen 'Liebe',
'Milde', 'Gesundheit', 'weiblich', 'Heiterkeit', negativ mit 'Haß'. Dieser
Umstand dürfte vor allem dafür sorgen, daß *Josef Bumba* trotz des in der
bisherigen Analyse festgestellten Auftretens einer ganzen Reihe von negativen Kennzeichnungen wie 'häßlich', 'plump', 'primitiv' etc. bei der
Endabrechnung 'gut-schlecht' mit dem Wert 3,56 recht passabel abschneidet,
obwohl natürlich auch der "gütige" Josef (bibl. Vorbild) sein Teil dazu
beiträgt. Was die graphische Form des großen *B* angeht, so unterstützt
dieser massiv und behäbig wirkende Buchstabe ein weiteres Mal die schon
des öfteren bestätigt gefundene Voluminosität und Massigkeit dieser Namenphysiognomie.

Nach der sprachwissenschaftlichen-psycholinguistischen Analyse des expressiven Umfelds des Namens *Josef Bumba* läßt sich nunmehr das Bild eines fiktiven Trägers dieses Namens, so wie es von der kollektiven physiognomischen
Intuition reflektiert wird, auf eine erstaunlich präzise und detaillierte
Weise nachzeichnen. Wir sehen diesen Josef Bumba regelrecht vor uns und
können ihn so genau beschreiben wie ein Romancier seinen Helden:

Josef Bumba ist ein kräftiger, untersetzter, eher kleiner als mittelgroßer
Mann mit wenig anziehendem Äußeren. Dennoch hat diese schwerfällig wirkende
Arbeitergestalt etwas Vertrauenerweckendes. Eine gewisse derbe Gutmütigkeit
spricht aus seinem runden, primitiven Gesicht. Er artikuliert ein wenig
mühsam, wenn er mit seinem lauten, etwas rauhen Organ zu sprechen anfängt.

Ein stark slawisch klingender Akzent, wie er oft bei Volksdeutschen anzutreffen ist, ist unverkennbar.

ulli schöps

a) Testergebnisse

Polaritätenprofil:

		3	4	5
hoch – tief	1			
schwach – stark	2			
rauh – glatt	3			
aktiv – passiv	4			
leer – voll	5			
klein – groß	6			
kalt – warm	7			
klar – verschwommen	8			
jung – alt	9			
sanft – wild	10			
krank – gesund	11			
eckig – rund	12			
gespannt – gelöst	13			
traurig – froh	14			
leise – laut	15			
feucht – trocken	16			
schön – häßlich	17			
frisch – abgestanden	18			
feig – mutig	19			
nahe – entfernt	20			
veränderl. – stetig	21			
liberal – konservat.	22			
seicht – tief	23			
gut – schlecht	24			

Affinitätsanalyse:

Ruhe	−0,39	Männlich	+0,07
Würde	−0,53	Heiterkeit	+0,35
Gefahr	−0,15	Zorn	+0,08

Gesundheit	+0,30	Liebe	+0,15
Ermüdung	-0,37	Langeweile	-0,25
Haß	-0,25	Intelligenz	+0,09
Weiblich	+0,40	Milde	-0,17

Lage im Raum der Primärkonnotationen: F_1=+0,56, F_2=+0,07, F_3=-0,64.

b) Interpretation

$-i \xrightarrow{MA/SA}$ 'jung', 'frisch', 'fröhlich'

Die angeführten Assoziationen finden mit einem absoluten Abstand zur Indifferenzachse von 2,10, 1,19 und 1,69 im Polaritätenprofil für *Ulli Schöps* sehr deutliche Entsprechungen. Dabei zeigt ein Vergleich der gesondert erstellten Profile für *Ulli, Schöps* und *Ulli Schöps*, daß diese Tendenzen bei dem diminutivischen Vornamen tatsächlich am stärksten auftreten und daß bei der Zusammenfügung beider Namenteile die Diminutivendung *-i* offenbar die entsprechenden auch bei *Schöps* schon vorhandenen Qualitäten kräftig verstärkt:

	Ulli	*Schöps*	*Ulli Schöps*
jung	1,80	2,84	1,90
frisch	1,88	3,36	2,81
froh	5,64	4,92	5,69

Die an sich ebenfalls als Folge des Diminutiv *-i* zu vermutenden Vorstellung 'klein', 'schwach'[1] sind zwar im Profil für *Ulli Schöps* mit 2,71 und 3,18 gut repräsentiert, doch ist für diesen Umstand, wie noch zu zeigen sein wird, eher der Nachname verantwortlich, während diese Qualitäten bei *Ulli* wohl durch die entgegengesetzt wirkende gleichzeitige Vorstellung

---

[1] Auch wenn Diminutive bei PN vernehmlich als Hyperkoristika gesehen werden, mit denen Personen unabhängig von ihrer Körpergröße benannt werden können, beinhaltet m.E. das hier zum Ausdruck kommende positiv - emotionale Verhältnis des Sprechers zum Benannten als phylogenetische Ausdruckskomponente die letztlich auf Brutpflegemechanismen zurückführbare Geste zärtlichen Beschützens von etwas Kleinem, Schwachen, wie ja auch bei Liebkosungen dem Partner gegenüber - von dessen Körperkonstitution unabhängig - solche 'beschützenden' Gesten angewandt werden, deren sprachliches Pendant sehr oft das gleichzeitige Aussprechen der diminutivischen Namenform ist.

'männlich' (*Ulli* wird als männlicher Vorname erkannt) neutralisiert werden. Das machen sowohl die Werte für die Polaritäten 'klein-groß' (4,00) und 'schwach - stark')4,40) als auch die positive Korrelation von +0,66 zwischen den Profilen für *Ulli* und 'männlich' wahrscheinlich. Andererseits kann aber aufgrund dieser Relationen auch festgestellt werden, daß von der Diminutivform des Vornamens *Ulli* gesteuerte Vorstellungen mit der Tendenz 'klein', 'schwach', obwohl sie im Profil für *Ulli* nicht hervortreten, im gesamten Wirkgefüge des expressiven Umfelds dieses Namens doch ihre Rolle gespielt haben müssen, da sonst angesichts des - durch den genannten Q-Wert erwiesenen - männlichen Gesamteindrucks des Namens bei den Polaritäten 'schwach-stark' und 'klein-groß' mit einiger Wahrscheinlichkeit deutlichere Tendenzen nach 'stark' und 'groß' aufgetreten wären.

An diesem Beispiel erweisen sich die Vorzüge des PP-Verfahrens als wirksame Ergänzung der linguistischen Arbeit in besonderer Weise: Die Konturen des sphäriellen sprachlichen Umfelds treten so kontrastreich hervor, daß selbst rezessive Qualitäten herausgearbeitet werden können.

Schöps ──SA──▶ *Hammel*

Bei dieser SA müßte allerdings überprüft werden, in welchem Umfange die von slav. (böhm.) *scopec* (verschnittener Schafbock) abgeleitete Form als Lexem des Deutschen noch geläufig ist. Am ehesten dürften noch Komposita wie *Schöpsenfleisch, Schöpsenkeule* etc. im Gebrauch sein.

Mit Schöps verbundene Vorstellungen wären in der Richtung 'unbeholfen', 'ungeschickt' usw. zu suchen. Bei Grimm[1] sind die entsprechenden Stichworte *Schöpsheit, Schöpsigkeit* aufgeführt. Bei Mackensen[2] findet sich *schöpsig* im Sinne von 'töricht'. Daraus wird im Zusammenhang mit der vorher entwickelten Qualität 'jung' und daraus resultierendem ('Schaf' + 'jung' ──▶) 'Lamm': 'tolpatschig', 'drollig', 'lustig' (Pol.14:4,92). Über 'Lamm' entstehen auch die oben schon angesprochenen

---

[1] Deutsches Wörterbuch.
[2] Deutsches Wörterbuch [4] 1962

Tendenzen 'klein' und 'schwach'. In dieselbe Reihe gehört
'sanft', das im Profil für *Schöps* mit dem Wert 3,60 vertreten
ist, jedoch bei *Ulli Schöps* durch die in die entgegengesetzte
Richtung weisende Tendenz im Profil für *Ulli* (4,48) zu dem
Indifferenzwert 4,00 neutralisiert wird.

-ps $\xrightarrow{LA}$ *hops, Mops*

Neben diesen beiden LA kommen als einsilbige Moneme des Dt.
mit der Phonemfolge Kons. - Kurzvokal - *ps* (nach der Seiler'
schen Strukturformel die Folge Pos.2 - Pos.5 - Pos.8/mit der
Füllung *ps*) nur noch vor: *Gips*, *Raps* (Ölfrucht), *Rips*, (Stoff-
art) *Klaps* und *Schubs* (b/p - Neutralisation in der Silben-
auslautkombination). Von allen sechs genannten Formen steht,
rein lautlich gesehen, *Schubs* durch den gleichen Anlaut *Schöps*
am nächsten, während ansonsten alle Formen eine in etwa gleich
große Chance hätten, als LA realisiert zu werden, da das Phonem
/oe/ in *Schöps* in der akustischen Vokalkonfiguration
Wänglers von /I/ in *Gips* und *Rips*, /a/ in *Raps*, /o/ in
hops und *Mops* und /u/ in *Schubs* annähernd gleich weit entfernt
ist. Allenfalls verdienten *hops, Mops* dadurch eine Sonder-
stellung, daß /o/ denselben Wert für den ersten Formanten aufweist wie /oe/. Die Hauptursache dafür, daß diese beiden Moneme den anderen vorgezogen werden, ist jedoch in gleichzeitig wirksamen SA-Beziehungen zu sehen. Die Interjektion *hops*
paßt ausgezeichnet zu der Vorstellung des tolpatschig sprin-
genden Lämmchens, wie sie im vorigen Absatz herausgearbeitet
wurde. *Mops* wird einmal durch das gleichzeitige *hops* als LA
zusätzlich motiviert, zum anderen kommt als SA-Funktion die
Tatsache ins Spiel, daß es sich bei einem Mops ebenso wie bei
einem Lamm um ein kleines, als drollig empfundenes Tier handelt.
Von *hops* ausgehende Vorstellungen sind die auch durch das PP
von *Schöps* bestätigte Qualitäten 'froh', 'hoch', 'aktiv', 'laut'.
Allerdings sind alle diese Kennzeichnungen im *Ulli*-Profil in
noch ausgeprägterer Form anzutreffen. Sie werden dadurch im
Profil für *Ulli Schöps* zu den Werten ('froh'), 2,93 ('hoch'),
3,56 ('aktiv') und 5,34 ('laut') verstärkt.
Bei *Mops* könnte etwa der Volksreim "Gesund und froh wie der
Mops im Haferstroh ..." assoziiert werden. Die hier neben dem

schon nachgewiesenen 'froh' neu erscheinende Charakterisierung 'gesund' ist bei der Polarität 'krank-gesund' im Falle von *Schöps* mit dem Wert 4,72, bei *Ulli Schöps* mit 4,53 belegt.

Die führenden Primärkonnotationen für den Namen *Ulli Schöps* (bzw. für *Schöps* und *Ulli*) sind nach dem Ergebnis des PP-Tests:[1]

	Ulli Schöps	*Schöps*	*Ulli*
jung	1,90 (2,10)	2,84 (1,16)	1,80 (2,20)
froh	5,69 (1,69)	4,92 (0,92)	5,64 (1,64)
klein	2,71 (1,29)	2,40 (1,60)	4,00 (0,00)
laut	5,23 (1,23)	4,56 (0,56)	5,24 (1,24)
seicht	2,78 (1,22)	3,28 (0,72)	4,16 (-0,16)
frisch	2,81 (1,19)	3,36 (0,64)	1,88 (2,12)
hoch	2,93 (1,07)	3,68 (0,32)	3,04 (0,96)
veränderl.	3,00 (1,00)	3,52 (0,48)	4,24 (-0,24)
glatt	4,96 (0,96)	5,00 (1,00)	4,60 (0,60)

Die Affinitätsanalyse für *Ulli Schöps* hinsichtlich der 14 bei den Tests verwendeten Appellativa läßt Korrelationen mit hohen Q-Werten vermissen. Lediglich zu 'Heiterkeit', 'weiblich', 'Gesundheit' bestehen positive und zu 'Würde' und 'Ruhe' negative Affinitäten von einigem Ausmaß. Demgegenüber zeigen sich in der Faktorenanalyse deutlich ausgeprägte Ladungen auf dem ersten (+0,56) und dem dritten Faktor. Dabei fällt besonders die hohe negative Masseladung auf, die mit -0,64 den höchsten Wert unter allen 44 Variablen erreicht. Der Name macht offenbar einen besonders wenig gewichtigen Eindruck. Zu dem Air des Leichten, Unernsten, Hüpfenden, das in der bisherigen Analyse schon wiederholt bestätigt wurde, hat der drollige Nachname, wie seine Masseladung von -0,41 zeigt, noch stärker beigetragen als der diminutivische Vorname. Aber auch *Ulli* besitzt nach Ausweis seiner F_3-Ladung (-0,01) keinerlei Schwere. Im Raum der Primärkonnotationen hat *Ulli Schöps* eine recht isolierte Position zwischen dem 2. und dem 3. Raumoktanten, und es würde Aufgabe weiterer Untersuchungen sein, festzustellen, welche anderen Gegenstände - besonders Appellativa - in der Nachbarschaft dieser Position angesiedelt sind, wie es grundsätzlich ein interessantes und nützliches Unternehmen wäre, den gesamten Raum der Primärkonnotationen

---

[1] Bei *Ulli Schöps* sind die Qualitäten nach dem Grad ihrer Ausgeprägtheit gestaffelt (in Klammern der absolute Abstand zur Indifferenzachse).

mit einer möglichst engmaschigen Struktur von Orientierungspunkten auszufüllen. Durch die detaillierte Kenntnis seiner jeweiligen Umgebung würde eine umfassende und vielschichtige Beschreibung der expressiven Qualitäten jedes denkbaren Gegenstandes noch wesentlich erleichtert.

Zu den Lautqualitäten des Namens *Ulli Schöps* ist hier wenig mehr zu sagen, da einerseits für die Phoneme des Nachnamens keine PP vorliegen und andererseits über die Lautwerte von *Ulli* bereits beim Vergleich mit *Uli* gehandelt wurde.

Wenn nun wiederum die einzelnen expressiven Tendenzen, die die Analyse für *Ulli Schöps* ergeben hat, zu der Skisse von einem fiktiven Träger dieses Namens zusammengefügt werden sollen, so entsteht das Bild eines staksig-drolligen, ebenso oberflächlichen wie sympathischen kleinen Jungen, der ständig von fröhlicher Unrast umgetrieben ist und der dem in einer bestimmten betulichen Jugendliteratur anzutreffenden Klischee des lärmenden, pausbäckig-gutmütigen Springinsfeld und Tunichtgut recht nahekommt.

Der Kontrast zwischen dieser Namenphysiognomie und der des schwerfällig-dumpfen *Josef Bumba* könnte kaum größer gedacht werden.

Interessant schien es auch zu beobachten, auf welche Weise sich Namenphysiognomien verschieben, wenn eines der Namenglieder ausgetauscht wird. Im Falle von *Ulli Schöps* etwa wurde der Vorname *Ulli* durch *Ignaz* ersetzt. Weiter oben ist schon angedeutet worden, daß der Name *Ignaz Schöps* als langweilig und widersprüchlich abqualifiziert und in den 6. Raumoktanten mit negativer Zuwendung, negativer Motorik und negativer Masse verbannt wurde, was, wie andere ähnliche Fälle zeigten, auf die große Entfernung zwischen den Positionen der einzelnen Namenglieder im Raum der PK zurückzuführen war. Tatsächlich zeigt das Profil für *Ignaz* zahlreiche Qualitäten, die sich sehr deutlich von denen des *Schöps*-Profils unterscheiden. So ist *Ignaz* im Gegensatz zu *Schöps*, um nur die augenfälligsten Unterschiede aufzuführen:[1]

eckig	2,16
konservativ	1,99
gespannt	1,76
rauh	1,52
alt	1,22
traurig	0,96
und abgestanden	0,80

---
[1] Die Reihenfolge der Kennzeichnungen ist durch die Größe des Abstands zum entsprechenden Wert des Schöps-Profils bestimmt.

Zur Beantwortung der Frage, inwieweit diese Bewertungen auf die Lautgestalt von *Ignaz* zurückzuführen sind, kann hier lediglich das /i:/ herangezogen werden, da für die übrigen Laute des Namens keine Werte vorliegen. Die mit 2,38 und 2,00 sehr ausgeprägten Werte für 'eckig' und 'gespannt' bei /i/ haben sicherlich dazu beigetragen, daß diese Qualitäten auch im Profil für *Ignaz* eine hervorragende Rolle spielen, während dafür, daß der Name 'konservativ', 'alt' und 'traurig' wirkt, wohl eher außersprachliche Assoziationen verantwortlich gemacht werden müssen. *Ignaz* gilt als altertümlicher, steifer und leicht lächerlicher Name, der noch am ehesten zu frommen Kirchenmännern paßt, wohl u.a. weil der bekannteste Träger dieses Namens der spanische Ordensgründer Ignatius von Loyola ist.

Beim Zusammensetzen von *Ignaz* und *Schöps* zu einem einzigen Namen entsteht ein Image, für das der Eindruck der extremen Inkompatibilität der Namenglieder und das daraus resultierende ästhetische Unbehagen zum beherrschenden Faktor wird, der die Eigenqualitäten der Glieder überwuchert. Das zeigt sich schon darin, daß *Ignaz Schöps* trotz der insgesamt positiven Beurteilung von *Schöps* noch schlechter abschneidet als *Ignaz*. Die führenden Beurteilungen im PP von *Ignaz Schöps* sind:

seicht	2,64	1,36
feucht	2,64	1,36
häßlich	5,28	1,28
klein	2,76	1,24
feig	2,84	1,16

Die Affinitätsanalyse ergibt deutliche positive Korrelationen zu 'Langeweile' (0,66) und 'Ermüdung' (0,58) und negative zu 'männlich' (-0,74), 'Gesundheit' (-0,68), 'Intelligenz' (-0,68) und 'Liebe' (-0,61).

Zum Eindruck der Unvereinbarkeit der beiden Namenglieder mag die schwer artikulierbare Fuge zwischen Vor- und Nachname mit der Anhäufung von Zischlauten entscheidend beigetragen haben. Gleichzeitig bietet sich hier erneut ein überzeugender Einzelbeleg für die Abhängigkeit des physiognomischen Eindrucks vom jeweiligen Artikulationsmodus: Die extrem "feuchte Aussprache" der Reibelautgruppe in der Fuge zwischen *Ignaz* und *Schöps* sowie zusätzlich des Auslauts-*s* bei *Schöps* hat bei der Polarität 'feucht-trocken' mit 2,64 einen Wert für 'feucht' zur Folge, wie er in solcher Ausgeprägtheit bei keinem der 44 Gegenstände auch nur annähernd erreicht wird.

III. Name und Persönlichkeit

"Der Eigenname eines Menschen ist nicht etwa wie
ein Mantel, der bloß um ihn her hängt und an dem
man allenfalls zupfen und zerren kann, sondern ein
vollkommen passendes Kleid, ja die Haut selbst ihm
über und über angewachsen, an der man nicht schaben
und schinden darf, ohne ihn selbst zu verletzen."

(Goethe, Dicht. u. Wahrh.)[1]

---

[1] 10. Buch (=Goethes Werke, Hamburg 1955, S. 407).

A. Namenmagie

Ethnologen, Historiker und Soziologen kennen seit langem die große Bedeutung, die der Eigenname für die sogenannten primitiven Völker hatte und weitgehend heute noch hat. Der Name übt nach dem Glauben dieser Völker einen entscheidenden Einfluß auf die Persönlichkeit des Namenträgers aus, besonders wegen seiner Eigenschaft, als Vehikel magischer Kräfte wirken[1] zu können. Die Spuren dieses Glaubens lassen sich z.T. sehr weit zurückverfolgen, bis hin zu einigen der ältesten schriftlichen Zeugnisse menschlicher Kultur, die wir überhaupt besitzen. In der Überlieferung des alten Ägyptens etwa, in dem der Namenkult besonders ausgeprägte Formen angenommen hatte, finden sich zahlreiche Hinweise schon in den ältesten Dokumenten, den berühmten altägyptischen Pyramidentexten (V. und VI. Dynastie, 2563-2242 v. Chr.), deren älteste Teile nach Sainte Fare Garnot[1] schon am Ende der Prähistorie ihre überlieferte Form bekommen haben sollen.

1. Das alte Ägypten

Der Name wurde von den alten Ägyptern als ein wichtiges Element der Persönlichkeit verstanden; dennoch verfügte er über eine eigenartige, recht weit gehende Eigenexistenz! "Associé d'une manière indissoluble à la personnalité de l'homme et des dieux - au point que, dans certaines formules, une même phrase est enoncée deux fois, d'abord au sujet d'une personne, puis à propos de son nom: 'tu n'as point de mal, ton nom n'a point de mal' (§1372 b(P))[2] -, le nom participe à leur vie même, mais il est bien autre chose qu'un simple élément d'une réalité plus complexe ..., le nom est lui-même, à lui tout seul, pourrait on dire, une cellule vivante: il a son existence propre ..."[3], ja er ist sogar fähig, als selbständig handelnd in der Außenwelt aufzutreten. Er bedarf, um angemessen zu bestehen, einer sorgfältigen 'Pflege', die darin besteht, daß man ihn sehr behutsam artikuliert und sich dabei seiner etymologischen Bedeutung stets voll bewußt ist, weshalb denjenigen schwere Strafen drohten, die etwa den Namen des Pharao bloß 'mechanisch' aussprachen. Der Name ist also einerseits zerbrechlich, verletzlich, schädlichen Einflüssen

---

1 Les fonctions, les pouvoirs et la nature du nom propre dans l'ancienne Egypte d'après les textes des Pyramides, in: Journal de Psychologie, 41, S. 464.
2 Zitiert nach K. Sethe, Die altägyptischen Pyramidentexte, 4. Bd., Leipzig, 1908-1922.
3 A.a.O., S. 466.

von außen in hohem Maße ausgesetzt, andererseits aber selbst in der Lage, mächtige, für den Betroffenen unter Umständen tödliche Impulse auszusenden, die sich sogar gegen die von ihm bezeichnete Person selbst richten können. "Le nom propre est un accumulateur de forces internes, un réservoir d'energies latentes, qui peuvent se 'décharger', pour ainsi dire, très aisément, et dont la liberation n'est pas sans danger."[1] Über all diese unberechenbaren Kräfte erhält derjenige Macht, der den Namen kennt. Es ist deshalb gefährlich, anderen seinen wirklichen Namen zu verraten. "La révélation d'un nom propre donne à l'operateur tout pouvoir sur l'être qu'il interpelle en l'appelant par son nom. Celui-ci est un veritable 'maitre-mot'..."[2] Die Macht dessen, der den Namen kennt, geht so weit, daß sie selbst den Göttern gefährlich werden kann. So wurden die Götter bei einem Königsbegräbnis von dem Priester regelrecht damit bedroht, ihre Namen würden den Menschen preisgegeben, falls sie sich weigerten, den Pharao über den Fluß der Seligen passieren zu lassen.[3] Deshalb schafften sich die Götter ein ganzes Reservoir von Schutznamen, während sie sich als wirklichen Namen einen 'versteckten Namen' wählten, der so geheim war, daß ihre eigene Mutter ihn nicht kannte.[4] Osiris z.B. wird in der Zeit des Mittleren Reiches mit der bezeichnenden Formel 'Der, dessen Namen zahlreich sind' benannt: je allgemeiner und vieldeutiger ein Schutzname ist, um so besser ist er geeignet, das Geheimnis des 'versteckten Namens' zu hüten.

2. Die Bibel

Dieser stark von kultischen Zügen geprägte Namenglaube ist aber nicht auf Ägypten beschränkt; er findet sich wie bei Sumerern oder Akkadern- schwächer oder stärker ausgeprägt - bei fast allen alten Kulturen des Orients. So ist es nicht weiter verwunderlich, wenn auch der Bibel, die zahlreiche Wurzeln in diesem Kulturgrund hat, die Namenmystik nicht fremd ist. Walter E. Stuermann[5] spricht von "abundant testimonies in the Old and New Testaments to the mysterious and magical significance of names." Ein bekanntes Beispiel ist das Verbot, den geheiligten Namen Gottes (JHWH) auszusprechen, widrigenfalls man Gefahr lief, seine Macht herauszufordern und seine unmittelbare

---

1 A.a.O., S. 469.
2 A.a.O., S. 469.
3 §1223 a-b(M): "Wenn du Menenre (4. Pharao der VI. Dyn.) nicht führest in diesem Boot, wird er den Menschen deinen Namen sagen, deinen Namen, den Menenre kennt."
4 § 394c (W).
5 The Name of Jesus: Word-magic in the Book of Acts, in: Review of general semantics, 14, 1957, S. 266.

schrecklich-gewaltige Anwesenheit zu provozieren. Aber auch in dem zeremoniellen Gebrauch der Formel 'Im Namen Jesu' im neuen Testament sieht Stuermann einen Akt der Namenmagie[1], beispielsweise bei Mathäus 7, 21-23: "Nicht jeder, der zu mir sagt: Herr! wird eingehen in das Himmelreich, sondern wer den Willen meines Vaters tut, der im Himmel ist. Viele werden an jenem Tage zu mir sagen: Herr, Herr, haben wir nicht geweissagt in deinem Namen? Haben wir nicht Dämonen ausgetrieben in deinem Namen? Haben wir nicht viele Wunder gewirkt in deinem Namen? Alsdann werde ich ihnen offen erklären: Ich habe euch niemals gekannt; weichet von mir, die ihr die Werke des Bösen tut!" Noch deutlicher ist der Hinweis auf eine eigenständige magische Kraft des Namens in der Apostelgeschichte 3, 16, wo Petrus der Menge das Wunder der Heilung des Lahmen deutet: "Auf Grund des Glaubens an seinen Namen hat diesem hier, den ihr seht und kennt, sein Name Kraft geschenkt, und der durch ihn wirksame Glaube gab ihm die volle Gesundheit vor euer aller Augen."[2,3]

3. Das Ägypten der Antike

Wenn wir für Züge von Namenmystik in der biblischen Welt vor allem des Alten Testaments einen gewissen Einfluß anderer Kulturen, insbesondere der altägyptischen ins Auge faßten, so heißt das jedoch nicht, daß grundsätzlich die Ausbildung ähnlicher Vorstellungen hinsichtlich der Namen bei vielen Völkern ausschließlich oder auch nur primär auf gegenseitige Beeinflussung zurückzuführen sei. Man wird vielmehr in vielen Fällen von unabhängigen Parallelentwicklungen auszugehen haben. Vorerst aber sei noch ein besonders eindeutiges Beispiel für die starke Ausstrahlung des altägyptischen Namenkults angeführt. Noch zur Zeit der Antike, beispielsweise in den Zauberbüchern der Kaiserzeit manifestieren sich nach Wilhelm Kroll[4] spezifisch ägyptische Kultformen. "Es läßt sich nicht verkennen, daß diese Zaubertexte ganz innerhalb der ägyptischen Tradition stehen, daß sie oft nur Übersetzungen demotischer Zauberformeln sind".[5] Auch hier begegnen wir wieder dem Thema des wirklichen, "versteckten Namens": "Höre auf mich und erfülle

---

[1] Dieselbe Ansicht vertritt G. Berguer, La puissance du nom, in: Arch. Psychol., Genève, 1936, 25, S. 313-322.
[2] Weitere Stellen mit einer ähnlichen Verwendung des Namens Jesu sind: Johannes 3, 18; 15,16; 23-24; 17, 11-12; Römer 10, 13; I. Korinther 6, 11; Epheser 1,21; Philipper 2,9-10; Kolosser 3,17; Jakobus 5,14; I. Petrus 4,14; I. Johannes 3,23; 5,13; Offenbarung 2,3; 2,13; 3,8!
[3] Zitiert nach Pattloch Verl., Aschaffenburg, 1966.
[4] Namenaberglaube bei Griechen und Römern, in: Mitteilungen der schles. Gesellsch. f. Volkskunde, 16, 1914.
[5] A.a.O., S. 192.

mir meinen Wunsch, denn ich nenne deinen wahren Namen." Oder: "Du bist ich und ich bin du, was ich sage, muß geschehen; denn ich trage deinen wahren Namen als Amulett in meinem Herzen und die gesamte Welt des Fleisches. Wenn sie sich erhebt, wird mich nicht bezwingen können, kein Geist, kein Dämon, kein Gespenst, keines der Scheusale der Unterwelt wird sich mir in den Weg stellen wegen deines Namens, den ich in der Seele trage und anrufe."[1] Noch deutlicher in einem jüngeren Text: "Ich rufe dich an, Typhon Seth! Ich vollziehe deine Beschwörung, denn ich rufe deinen wahren Namen an, in dem du dich nicht weigern kannst zu hören: Io - erbeth."[2] Die Kenntnis ihres Namens verleiht Macht über die Götter und stellt denjenigen, der sich des Zauberspruchs bedient, auf eine Stufe mit ihnen: "Gib mir Beliebtheit und Sieg und Erfolg und Reichtum, denn du bist ich und ich bin du, dein Name ist der meinige und mein Name ist der deinige: denn ich bin dein Abbild."[3] Mitunter steigern sich diese Beschwörungen zu prometheischen Machtvisionen voll düsterer Poesie: "Komm zu mir, du Bild der Ewigkeit der Ewigkeiten! Du Chnum, Sohn des Einen, gestern Erzeugter, heute Geborener, dessen Namen ich kenne." - "Du bist nicht über mir, ich bin Amon. Ich bin Anhor, der schöne Tötende. Ich bin der Fürst, der Herr des Schwertes. Erhebe dich nicht, ich bin Mont." etc.[4]

4. Die griechisch-römische Antike

Aber auch die eigentliche griechisch-römische Geisteswelt kennt die magische Kraft des Namens. Man glaubt, daß sich das Kind seinem Namen gemäß entwickeln werde. Deshalb enthalten die meisten griechischen Namen eine gute Vorbedeutung. Bei Plato heißt es Kratylos 397: "oder sie (die Namen) sind der Ausdruck eines Wunsches wie *Eutychides* oder *Sosias* oder *Theophilos* und andere." Sie erinnern an Götter oder an hehre oder schöne Begriffe und Eigenschaften. Namen mit *stenos* etwa weisen auf körperliche Kraft hin: *Demosthenes* (dem germanischen *Dietrich* vergleichbar), *Eratosthenes* "der durch Kraft beliebte", *Taurosthenes* der die Kraft des Stieres hat". Von *Stratos* "das Heer" gibt es ca. 70 Ableitungen (*Stratonikos* "der mit dem Heere siegt", *Hegestratos* "Heerführer"), von *kleos* "Ruhm" gar über 200:

---

1 Pariser Zauberpapyrus (Wessely Denkschr. d. Wiener Akad. 36) 277, §1189.
2 Erman, Die Ägyptische Religion, Berlin 1905, S. 150.
3 Pap. Lond. 122. 37.
4 Erman, Ägypten 2, S. 472.

Themistokles, Patroklos (-kles) "der den Ruhm des Vaters hat", *Eteokles* "der echten Ruhm hat" etc. In zahlreichen Namen erscheint das Kind als Geschenk der Götter. *Diototos* ist der von Zeus, *Herodotos* der von Hera geschenkte. Bei den Römern sind derartige "theophore"[1] Namen seltener.[2] Aber auch bei ihnen herrscht der Brauch, dem Kind mit einem Wunschnamen sozus. den Garanten für eine gedeihliche Entwicklung mitzugeben. Das läßt sich besonders gut bei den Sklavennamen[3] verfolgen, weil hier eine freie, individuelle Namenschöpfung immer lebendig geblieben ist; im Gegensatz zu der oft nach einem Gewohnheitsmechanismus vollzogenen sonstigen Namengebung, bei der - wie es heutzutage ja fast durchweg der Fall ist - der etymologische Sinn kaum bedacht wird. So erhalten die Sklaven Namen wie *Amantius, Concordius, Felix, Florentius, Genialis, Hilarius, Optatus* usw. Wie groß dabei die Zuversicht in die Erfüllung des im Namen enthaltenen Heilswunsches war, wie selbstverständlich also der Glaube an den Einfluß des Namens auf den Namenträger, mögen andere Beispiele zeigen, wo der Name sogar von Staats wegen als Kriterium für die Tauglichkeit eines Menschen zu bestimmten Ämtern und Geschäften genommen wurde. So mußten Opfertiere bei öffentlichen Sühnopfern von Männern mit "bona nomina" geführt werden. Bei der Aushebung wurden zuerst Leute mit glückbringenden Namen wie *Salvius* oder *Valerius* aufgerufen. Eine gut belegte Episode[4] ist die Grundsteinlegung zum Neubau des Capitolinischen Tempels im Jahre 70 nach Christus, bei der nur Soldaten mit "fausta nomina" anwesend sein durften. Am klarsten tritt das bekannte Denkschema von der Identität von Name und Person wiederum in den Zauberriten zutage. Ein weit verbreiteter Schadenzauber wurde dadurch ins Werk gesetzt, daß man den Namen des Feindes auf eine Bleitafel schrieb, sie mit einem Nagel durchbohrte und in ein Grab oder in fließendes Wasser warf. Der Betroffene wurde dadurch im Zentrum seines Seins getroffen und seine geistige und körperliche Verfassung aufs schwerste beeinträchtigt.[5]

---

1 Kroll, alal01, S. 184.
2 Markus ist von Mars abgeleitet, Florus von der Blumengöttin Flora, Horatius dürfte zu der alten Göttin Hera gehören.
3 Lambertz, Die griechischen Sklavennamen, Wien 1907.
4 Fest. 121. Suet. Aug. 92. Tac.hist. 4,53.
5 Z.B. Ovid amor. III 7., 29 sagave poenicea defixit nomina cera; weitere Belege s. Kroll, alal0., s. 181.

5. Zeugnisse der europäischen Volkskunde

Auch in der christlichen Welt des Abendlandes stoßen wir allenthalben auf die Spuren der Namengläubigkeit. Wie tief sie selbst in das theologisch-philosophische Denken eingedrungen ist, können paradigmatisch gewisse einschlägige Züge der sog. Natursprachenlehre des barocken Mystikers Jacob Böhme zeigen.[1] Für ihn ist die ursprüngliche menschliche Sprache ein Analogon zum göttlichen Schöpferwort. Adam spricht sie bei der Erstbenennung der Tiere, deren Wesen unmittelbar aus ihren Namen hervorgeht. Im Deutschen habe sich übrigens diese das Wesen der Dinge aufschließende Kraft der Namen trotz der babylonischen Sprachverwirrung besonders gut bewahrt. Aber auch eine vom Christentum weitgehend unbeeinflußte oder nur oberflächlich umgedeutete Tradition altheidnischer Namengläubigkeit ist weiter lebendig und z.T. bis in die Gegenwart nachzuweisen. Ein vielfältig schillerndes Mosaik von Belegen dafür hat die Volkskunde zusammengetragen.[2] Grundmuster ist auch hier immer wieder die Idee einer sympathetischen Teilhabe des Namens am innersten Wesen des Benannten, wobei es zu einer für magische Bereiche durchaus typischen Dialektik von Heilsglauben einerseits und Tabuierung des Namens andererseits kommt. So darf der zukünftige Name eines Neugeborenen, da es dem Namenzauber wehrlos ausgesetzt ist, im Gegensatz zur Forderung des Standesamtes niemandem verraten werden, bis es den Schutz der Taufe genießt.[3] Deshalb wird das Kind in der Rheinpfalz und im oberen Nahetal bis zur Taufe je nach Geschlecht *Pfannenstielchen* oder *Bohnenblättchen* genannt. Weit verbreitet, so in Ostpreußen, Oldenburg, Schlesien, Böhmen, der Pfalz, Württemberg und in der Schweiz, war und ist die Furcht, das Kind müsse sterben, falls sein wirklicher Name vorzeitig bekannt werde.[4] "Andererseits verleiht der Name erst volles Wesen. Durch den Namen bekommt das Kind erst Recht auf Leben."[5] Und von der Art des Namens hängt es mit ab, wie dieses Leben verlaufen wird und welches Maß an Seinsfülle ihm zugemessen sein wird. Deshalb enthält die Mehrzahl auch noch der heute üblichen Vornamen - zumindest in der etymologischen Aufschlüsselung - wie schon in der Antike einen Heilswunsch oder einen deutlichen Hinweis auf hervorragende Fähigkeiten oder Eigenschaften. Auch den Schadenzauber treffen wir

---

1 Vgl. dazu vor allem Wolfgang Kayser, Böhmes Natursprachenlehre und ihre Grundlagen, in: Euphorion 31 (1930), S. 521-562.
2 Vgl. besonders Bächtold-Stäubli, Hwb.d.dt. Aberglaubens
3 A.a.O., Bd.IV, Sp. 954.
4 A.a.O., Sp.955.
5 A.a.O., Sp.962.

nach wie vor an, ebenso wie sein Gegenteil, die Anwendung der Macht des Namens zu Heilzwecken. So hatte noch in dem 9oer Jahren des vergangenen Jahrhunderts ein Kurpfuscher in Kleingera gewaltigen Zulauf von zahlungswilligem Publikum durch eine Prozedur, bei der zusammen mit dem geschriebenen Namen des 'Patienten' drei Schnitt Haare und Stücke von allen Nägeln bei abnehmendem Mond in die Erde verpflöckt wurden.[1]

Sicherlich sind derartig drastische Beispiele selten geworden, doch zeigen sie an, daß unter einer womöglich recht dünnen Decke von Rationalität auch in den Gesellschaften der Neuzeit alte Strukturen mythischer Volksphantasie anzutreffen sind.

---
[1] A.a.O., Sp. 960.

B. Der Eigenname als charakterologisches Problem

Es ist naheliegend, daß sich der Erkenntnis der großen Bedeutung der Namengläubigkeit zu fast allen Zeiten und in vielen Kulturen die Frage anschließt, ob nicht ein solcher Glaube in bestimmten Fällen auch objektive Auswirkungen auf die Psyche der Träger bestimmter, vom Volksglauben mit positiver oder negativer Bedeutung aufgeladener Namen haben mußte. Eine Untersuchung, die diese Annahme zu bestätigen scheint, legt G. Jahoda vor. In seinem Aufsatz "A note on Ashanti namens and their relationship to personality"[1] schildert er die Sitte der Ashanti, ihren Kindern den Namen des Wochentags zu geben, an dem sie geboren werden. Dieser Name wird 'kradin' oder Seelenname genannt. Dabei haben manche der Tagesnamen eine positive, andere eine negative Bedeutung. Es herrscht nun der überlieferte Glaube, daß diese Bedeutung auf magische Weise den Charakter des jeweiligen Namensträgers beeinflussen. Tatsächlich ergab eine Analyse der Strafakten zahlreicher junger Ashanti an einem Jugendgericht der Gegend, daß die Träger von Tagesnamen mit negativer Bedeutung stärker zu kriminellen Handlungen neigten als Jungen mit neutralen oder positiv bewerteten Namen. "The results here presented are consistent with the hypothesis that Ashanti beliefs about a connexion between personality characteristics and day of birth may be effective in selectively enhancing certain traits which otherwise may have remained latent."
Es ist eine beliebte Methode, gesellschafts- oder gruppenpsychologische Probleme an dem Beispiel primitiver Kulturen zu erhellen, weil man glaubt, hier dieselben Strukturen in einer offenliegenderen und überschaubareren Form vorzufinden, die es erleichterte, den Grundlinien eines psychologischen Modells, dem Schaltplan sozus. eines bestimmten psychischen Mechanismus auf die Spur zu kommen.
Diese Methode hat sicher in vielen Fällen ihre gute Berechtigung und womöglich ließe sie sich auch auf das Ashanti-Beispiel anwenden, indem nämlich die anhand dieses Beispiels demonstrierten Verhältnisse als ein – nur vergröbertes und vereinfachtes – Abbild eines allgemeinen psychischen Vorgangs verstanden würden, konkret als Indiz für die grundsätzliche Möglichkeit, daß ein Name die Psyche des Namenträgers in irgendeiner, wenn auch noch so nuancenhaften und differenzierten Weise, beeinflussen kann.

---

[1] Brit. J. Psychol., 1954, 45, S. 192-195.

Zu einem ähnlichen Schluß scheint jedenfalls A. Bach zu kommen, wenn seine
Ausführungen, ebenfalls von der Behandlung der Namenmagie herkommend, in die
Vermutung münden, daß "jenseits der eben erörterten urtümlichen Verhältnisse ... der Name wie zu allen Zeiten eine Kraft" ist, "die auf die geistig-
seelische Haltung des jeweiligen Namenträgers zurückwirkt. Das Selbst-
bewußtsein des Kindes erwacht an seinem Namen. Wir empfinden unseren Namen
als ein Stück von uns selbst."[1]

1. Erfahrungen der Psychotherapie

Auch der berühmte Psychologe C. G. Jung - der das Problem allerdings nur
sehr flüchtig streift - hält einen solchen Zusammenhang offensichtlich für
denkbar, wobei er bemerkenswerterweise nun wirklich etwas in die Nähe einer
'magischen' Deutung des Vorgangs kommt: "Man ist in einiger Verlegenheit,
wie man jenes Phänomen, das Stekel als 'Verpflichtung des Namens' bezeichnet hat, auffassen soll. Es handelt sich dabei um zum Teil groteske Koinzidenzen von Name und Eigenart eines Menschen. Zum Beispiel leidet Herr
Groß an Größenwahn, Herr Kleiner hat einen Minderwertigkeitskomplex. Zwei
Schwestern Altmann heiraten beide 20 Jahre ältere Männer, Herr Feist ist
Ernährungsminister, Herr Roßtäuscher Advokat, Herr Kalberer ein Geburts-
helfer, Herr Freud vertritt das Lustprinzip, Herr Adler den Willen zur
Macht, Herr Jung die Idee der Wiedergeburt. Handelt es sich hier um absurde
Zufallslaunen oder um Suggestivwirkungen des Namens, wie Stekel anzunehmen
scheint oder um 'sinngemäße Koinzidenzen'"?[2]

Mit 'sinngemäßen Koinzidenzen' aber sind eindeutig Erscheinungen gemeint,
die normalerweise unter dem Begriff 'Parapsychologie' rubriziert werden,
nämlich akausale Zusammenhänge. Jung versucht, diese in ein neues, zusammen
mit der modernen theoretischen Physik zu erarbeitendes Weltbild einzuführen.
Was die Namen betrifft, so wird man allerdings nicht bereit sein, Jung bis
dahin zu folgen, zumal sein anderer Vorschlag, in Anlehnung an Wilhelm
Stekel[3] von Suggestivwirkungen des Namens zu sprechen, mit bedeutend weniger
Aufwand zu einem Ziel zu führen verspricht. Stekel gibt aus dem Umkreis
seiner psychotherapeutischen Erfahrungen eine Reihe weiterer interessanter
Beispiele von spezifischen Relationen zwischen Name und Artung des Namenträgers:

---

1 Dt. Namenkunde I, 2, S. 235.
2 Synchronizität als ein Prinzip akausaler Zusammenhänge, in: Naturerklärung
  und Psyche, Zürich, 1952, S. 9.
3 Die Verpflichtung des Namens, in: Moll'sche Zeitschrift für Psychotherapie, 1911. Bd. III.

"Vor einiger Zeit stellte sich mir ein Kranker vor, der über eine peinliche Zwangshandlung klagte. Er hatte die Übergabe von Waren in einem großen Geschäfte zu beaufsichtigen und die Zahl der übergebenen Stücke zu notieren. Jedesmal zweifelte er, ob er auch die Zahl richtig notiert hatte und mußte einigemale nachzählen. Ähnlich erging es ihm beim Addieren der verschiedenen Posten. Auch wenn er eine Geldsumme übergeben hatte, quälte ihn die Vorstellung, er habe sich geirrt. 'Herr Doktor', rief der Kranke verzweifelt, 'mein Leiden läßt sich in einem Satze ausdrücken: Ich bin niemals sicher.' Wer beschreibt meine Überraschung, als ich mich nach dem Namen des Patienten erkundigte, um ihn in mein Protokoll einzutragen und er mir antwortete: Ich heiße 'Sicher'."[1]

Ein Beamter, "dessen Träume von Soldatenphantasien wimmelten", wäre gern Offizier geworden. "Er ist ein leidenschaftlicher Fechter und leidet unter mächtigen Mordinstinkten. Der Mann heißt Krieger."[2] Ein Professor, der nur des Nachts ausgehen konnte und sich im Wald sehr wohl fühlte, während er bei Tage in der Stadt Todesängste ausstand, heißt Wolf. Eine Dame mit dem Namen eines Geldstücks leidet an einer Zwangsvorstellung, die sich auf 'Zahlen' und 'Bezahlen' erstreckt. Der Ort, in dem die Neurose ausbricht heißt Zehlenau. Ein Herr Pastor "krankt am religiösen Komplex, Herr Pismann ist Enuretiker. Herr Schenkelbach hat ebenfalls mit dem Harnkomplex zu schaffen und ... der Herr Schenierer"[3] errötet bei jeder Gelegenheit. Welche geradezu makabren Formen die Abhängigkeit von Namen annehmen kann, zeigt der Fall eines bei seiner Mutter verankerten Neurotikers, der ein Mädchen namens Selma Massenet heiratet.

Stekel ist überzeugt, daß hinter solchen grotesken Spielereien "affektbetonte Komplexe nachzuweisen"[4] sind, ja er hält es für wahrscheinlich, daß grundsätzlich der Name in der Dynamik der Neurose eine gewisse Rolle spielt. "Ich fand bald bei den meisten Neurotikern geheime Beziehungen zum Namen, die sich im Sinne von Verpflichtung, Trotz, Stolz und Scham kundgaben."[5] Diese Vermutung wird durch manche neuere amerikanische Forschungen weitgehend bestätigt, so wenn Murphy[6] für manche Fälle dem Namen sogar eine

---

1 A.a.O., S. 110.
2 A.a.O., S. 111.
3 A.a.O., S. 112.
4 A.a.O., S. 114.
5 A.a.O., S. 111.
6 William F. Murphy, A note on the significance of names, in: Psychoanal. Quart., 26, 1957, A. 91-106.

krankheitsauslösende Funktion, "an initially pathogenetic influence" zuweisen zu müssen glaubt. Andere Untersuchungen kamen zu dem Ergebnis, daß Personen mit seltenen oder lächerlich wirkenden Namen eine überdurchschnittlich hohe Anfälligkeit für seelische Erkrankungen an den Tag legen. In einer der amerikanischen Child-guidance-Kliniken wurde eine Gruppe von 104 Jungen mit seltsamen Namen mit einer gleich großen Kontrollgruppe von Jungen mit Durchschnittsnamen verglichen, mit dem Ergebnis, "that there was a significant tendency for boys with peculiar names to be more severely emotionally disturbed than boys with non-peculiar first names."[1] Innerhalb einer Gruppe von 3320 Harvard-Studenten wurden die Namen derjenigen, die in ihrem Studium scheiterten und (oder) psychopathische Persönlichkeiten waren mit den Namen der übrigen verglichen und es zeigte sich auch hier, daß die außerhalb der Norm stehenden Studenten besonders häufig exzentrische Namen hatten. "Singular names show special excess among the flunkouts and the psychoneuroses."[2,3]

2. Korrelationen zwischen Name und Persönlichkeit im Alltag

Es ist unwahrscheinlich, daß es sich bei den hier aus dem Bereich der Psychopathologie angeführten Beispielen - etwa bei den besonders eindrucksvollen Stekel'schen Neuroseanalysen - um isolierte Vorgänge handelt, die grundsätzlich nur als Teil eines Krankheitsbildes auftreten könnten. Man wird vielmehr annehmen dürfen, daß in diesen Fällen lediglich eine im Vergleich zur Normalität gesteigerte Intensität zur Auswirkung kommt und daß etwa die lexikalische Bedeutung eines Eigennamens auch auf den normalen psychischen Organismus eine gewisse Wirkung ausübt.

Tatsächlich begegnen, ohne daß man aktiv nach solchen Fällen suchte, auch im normalen Alltag, wie ja Jung schon angedeutet hat, in großer Fülle Beispiele von stupenden Übereinstimmungen zwischen der Bedeutung eines Eigennamens und der Art oder dem Verhalten des Namenträgers. Aus der Zahl der dem Verf. innerhalb kurzer Zeit bekanntgewordenen 'Kuriosa' dieser Art seien hier nur einige der interessantesten angeführt. So heißt einer der

---

[1] Ellis Albert and Beechley, Robert M., Emotional disturbances in children with peculiar giben names, in: J. genet. Psychol., 85, 1954, S. 337-339.
[2] Savage, B. M. und Welles, F. L., A note on singularity in given Names, in: J. soc. Psychol., 27, 1948, S. 271-272.
[3] Allerdings wäre hier in Bezug auf die Vornamen zu fragen, ob es sich nicht z.T. um erbliche pathologische Anlagen handelt, wenn man annimmt, daß Eltern mit pathologischen Tendenzen eher dazu neigen, ihren Kindern exzentrische Namen zu geben.

besten deutschen Hürdenläufer *Bernd Hopfer*, die deutsche Meisterin im 100 m-Lauf *Hannelore Trabert*. Ein leitender Mitarbeiter des Verfassungsschutzes, trägt den Namen *Hans-Josef Horchem*. Ein Mitglied einer Gruppe ehemaliger Frankfurter Sportler und Studenten, die auf dem Luftweg zwischen der Schweiz und dem Nahen und Fernen Osten einen Goldschmuggel großen Stils etablierten, indem sie regelmäßig mit einer größeren Anzahl von Goldbarren - in Spezialunterkleidern versteckt - auf Reisen gingen, heißt *Gerd Dor*. Bei der Wahl zum Heidelberger Studentenparlament im Juli 1967 kandidierte ein Student der Politischen Wissenschaft mit dem Namen *Wolfgang Polit*. In seinem Programm trat er ausgerechnet für eine Entpolitisierung der Studentenvertretung ein. In einer kleinen Straße Kaiserslauterns springt ein besonders großes und adrettes Geschäftsschild mit folgendem Text ins Auge: Sanitäre Anlagen, Inh. Erich Klosset. Einen Kommentar zur vorliegenden Arbeit gab kürzlich ein national eingestellter Bundeswehrstabsarzt, Spezialist für Kieferchirurgie namens *Dr. Kiefer*, indem er äußerte, er glaube nicht, daß es ein Zufall sei, daß bei der heutigen "schlappen" Bundeswehr die tonangebenden hohen Offiziere häufig so weich klingende Namen hätten wie *Moll* und *De Maizière*. Leute wie *Panitzki* und *Trettner* seien deshalb auch von vornherein zum Scheitern verurteilt gewesen.

3. Name und Berufswahl

Freilich genügen derlei eklektizistische Beobachtungen allein nicht, eine gewisse Gesetzmäßigkeit der angedeuteten Vorgänge zu belegen. Eine Möglichkeit, Teilaspekte in einem größeren statistischen Rahmen zu untersuchen, ist aber u.a. durch die Branchenteile der Telefonbücher gegeben. Es können mit ihrer Hilfe beispielsweise recht gut gesicherte Aussagen über einen möglichen Zusammenhang von Name und Berufswahl gemacht werden, da hier die Namen einer sehr großen Zahl von Angehörigen bestimmter Berufe zusammengefaßt sind. So sind etwa in den Telefonbüchern der Oberpostdirektion Karlsruhe, Frankfurt (Teil Hessen Süd), Koblenz und Neustadt a.s. Weinstr. zusammen 6303 Bäcker und 6152 Metzger verzeichnet. Von den Bäckern heißen 59 *Becker*, von den Metzgern 43, dagegen fanden sich bei den Metzgern 8 (mit einem *Fleischer* und zwei *Schlechtern* 11) mit der Berufsbezeichnung des Metzgers als Name, bei den Bäckern nur 3. Das bedeutet, jeweils auf die untersuchte Anzahl der Angehörigen der beiden Berufe umgerechnet, daß die Berufsbezeichnung des Bäckers bei den Bäckern 37,9% oder reichlich 1 1/3 mal häufiger als bei den Fleischern als Name auftaucht, während die Berufsbezeichnung des Fleischers bei den Metzgern

sogar um 171 % (274 %) oder ca. 2 3/4 (3 3/4) mal häufiger ist als bei den Bäckern.
Das einzige Argument, das diese Signifikanzen entwerten könnte, wäre der Nachweis, daß es in einer größeren Anzahl von Fällen in bestimmten Familien eine seit der Entstehung der Familiennamen bis zur Gegenwart ungebrochene Berufstradition gibt oder doch zumindest eine ebenso ununterbrochene Familienüberlieferung, die von dem Beruf des Vorfahrs zur Zeit der Entstehung der FN berichtete. Eine solche Tradierung des Berufs oder des Wissens davon wäre aber allenfalls bei vornehmen Patrizierfamilien denkbar, die über alle Zeitläufe hinweg eine Familienchronik führten, keinesfalls bei einfachen Handwerkern wie Bäckern und Metzgern, abgesehen vielleicht von einigen Gegenden Norddeutschlands, wo die FN erst sehr spät, z.T. erst im 18. und Anfang des 19. Jahrhunderts fest wurden, wie A. Bach in seiner 'Deutschen Namenkunde'[1] berichtet. Gerade von den untersuchten Gebieten des deutschen Westens und Südwestens aber hatten die festen Familiennamen ihren Ausgang genommen. Sie entstehen dort schon seit dem 12. Jahrhundert und haben sich im allgemeinen bis gegen Ende des 14. Jahrhunderts voll durchgesetzt. So beginnen die FN in Worms und Speyer nach 1200 zu entstehen. In Frankfurt dürften bis ca. 1380 alle einen festen Familiennamen gehabt haben.
Über die reinen Berufsnamen hinaus haben sich bei der Auswertung der Branchenverzeichnisse noch andere Indizien ergeben, die für eine Suggestivwirkung des Namens sprechen. So sind beispielsweise auch Namen, deren lexikalische Inhalte nur auf assoziative Weise mit dem Bäckerberuf verbunden sind wie *Weisbrod, Mehlig, Semmelbeck, Weckmüller, Mehlmann, Backes, Korn, Teigler* etc. unter Bäckern häufiger (um 11,8 %) als bei Metzgern, während bei diesen die Namen, die Assoziationen an den Fleischerberuf enthalten (*Fleischfresser, Kalbfleisch, Schweinsberg, Knoche, Fleischmann, Schmeer, Ferkel, Ochsner, Fleisch* etc) um 65,5 % oder ca. 1 2/3 mal häufiger sind als bei den Bäckern. Selbst ein Allerweltsname wie *Müller*, der so abgegriffen erscheint, daß man ihm kaum noch zutraut, eine regelmäßige Assoziation zum Bäckerberuf herzustellen, erscheint bei den Bäckern um 22,0 % häufiger als bei den Metzgern.
Paradigmatisch seien hier noch einmal die absoluten Zahlen für das "Amtliche Fernsprechbuch 19 für den Bezirk der Oberpostdirektion Karlsruhe 1963/64",

---

1 Dt. Namenkunde I, 2, S. 76ff.

zu dessen Bereich Heidelberg gehört, angegeben:

		Bäckereien:	1378 Namen	
Beck	2		*Metzger*	2
Backenstos			Rinderknecht	2
Becker	10		Speck	
(Müller)	(22)		Wurster	
		Metzgereien:	1016 Namen	
Back			Gutfleisch	
Becker	3		Knoch	
(Müller)	(10)		*Metzger*	2
			Ochsenschläger	2
			Schlechter	2
			Speckert	

Beiläufig sei noch eine höchstwahrscheinlich signifikante Häufung des Namens *Wolf* bei den Metzgern erwähnt.[1] Die Vermutung, daß ein gewisser Ruch des Brutalen und Blutigen, der diesem Beruf anhaftet, – die Vorstellung des Zerreißens und Zerhackens von Fleisch mit scharfem Werkzeug – mit der Bewertung des Namens *Wolf* korreliert und diese Korrelation sich dann unbewußt auf die Berufswahl auswirkt, muß vorerst Spekulation bleiben. Als Modell für eine solche assoziative Beziehung zwischen bestimmten Verrichtungen in diesem Beruf und wölfischen Eigenschaften mag immerhin die Entstehung eines metaphorischen Ausdrucks wie *Fleischwolf*[2] interpretiert werden. Eine sichere Entscheidung könnte auch in diesem Fall der Vergleich von Polaritätsprofilen für *Metzger* und *Wolf* bringen.

---

[1] Der Umstand fiel mir zuerst bei den Telefonbüchern von Koblenz und Neustadt auf, die zuletzt bearbeitet worden waren. Möglicherweise ist hier die Signifikanz besonders hoch. Genaue Zahlen liegen jedoch nur aus einer nachträglichen Untersuchung des Karlsruher Buchs von 1967/68 vor. Der Name *Wolf* ist hier bei Metzgereien einschließlich Großschlächtereien um 84,3 % häufiger als bei Bäckereien einschließlich Brotfabriken.
[2] Vgl. Duden-Etymologie unter *Wolf*.

4. Name und Ichbewußtsein

Es hat sich im Verlauf dieses Kapitels immer mehr die Vermutung verdichtet, daß der in alten Kulturen und bei primitiven Völkern weit verbreitete und selbst in modernen Gesellschaften noch latente Glaube an eine magische Einwirkung des Eigennamens auf den Namenträger nichts anderes sei als der mythische Hintergrund ganz realer allgemeingültiger psychischer Mechanismen. Die Indizkette, die diese Vermutung sichern sollte, spannte sich von den Ergebnissen empirischer Forschungen bei primitiven Völkern über die Analyse bestimmter mit den Eigennamen zusammenhängender Neurosen, bei denen es übrigens deutliche Parallelen zur Namenmagie gibt - bei der Charakterisierung bestimmter Geisteskrankheiten spricht beispielsweise Louisa Düss[1] von dem Namen als dem "magischen Surrogat" des Selbst - bis hin zu der Fixierung von Suggestivwirkungen von Eigennamen anhand statistischer Untersuchungen im normalen Alltag.

Danach kann nunmehr der Versuch gemacht werden, den erwähnten psychischen Mechanismus, dessen Spuren sich bei den Extremfällen der Beeinflussung durch Namenmagie oder bei manchen Geisteskrankheiten besonders gut verfolgen ließen, in einer allgemeingültigen, regelhaften Form zu beschreiben. Eine Beeinflußung des Wesens eines Menschen durch seinen Namen könnte demnach zustande kommen, indem das Bild, das eine Sprechergruppe bewußt und unbewußt von einem Namen hat, in das Ichbewußtsein des Trägers dieses Namens integriert wird, und zwar dadurch, daß der Namenträger einmal als Mitglied der Gruppe teilhat an der kollektiven Auffassung und Bewertung des Namens, gleichzeitig aber diesen Namen als Teil seiner Identität zu empfinden gezwungen ist.

Freilich ist diese These erst zu einem Teil durch Beweise gesichert. Es wurde neben dem Nachweis der Kollektivität der namenphysiognomischen Eindrücke bisher lediglich die Wirkung der 'anthropomorphen Appellativnamen'[2] behandelt, bei denen ein auf den Namenträger beziehbarer bewußter lexikalischer Gehalt übermächtig ist und die eigentlich physiognomischen Werte in den Hintergrund drängt. Wie aber steht es mit ganz gewöhnlichen Druchschnittsnamen, bei denen lexikalische Morpheme, sofern überhaupt vorhanden, in der Regel nicht bewußt aktualisiert werden? Ist es wirklich denkbar, daß auch eine so subtile und amorphe Reaktion, wie sie ein physiognomisches Erlebnis darstellt, das seine

---
[1] Fonction psychologique du nom propre dans la reconstruction de la personalité d'une schizophrène, in: J. Psychol. norm. path., 1946, 39, S. 350-366.
[2] Dies sind Namen, die ein auf menschliche Eigenschaften beziehbares Appellativum enthalten.

Reizwerte allein aus der Laut- und Schriftgestalt des Namens und allenfalls einigen unbewußt verarbeiteten lexikalischen Fragmenten bezieht, in der psychischen Organisation des Namenträgers dauerhafte Spuren hinterläßt?

C. Der Porträttest

Der Versuch, diese Frage auf experimentellem Wege zu beantworten, erschien zunächst als ein aussichtsloses Unterfangen. Wie sollte es wohl auch möglich sein, in dem vielgestaltigen Gemälde der menschlichen Psyche ausgerechnet jene wenigen flüchtigen Farbtupfer zu isolieren, die möglicherweise dem Einfluß der Physiognomie des Eigennamens zuzuschreiben wären? Doch dann drängten sich folgende, zunächst mehr spielerische Überlegungen auf: Sollte es überhaupt ein Testinstrument geben, das fein und differenziert genug wäre, eine durch physiognomische Eindrücke hervorgerufene Beeinflussung des Wesens eines Menschen auszumachen, so müßte es seinerseits mit dem hochempfindlichen Seismographen der physiognomischen Sensibilität der Psyche arbeiten. Als Exponate für dieses Instrument mußten menschliche Bereiche ins Auge gefaßt werden, in denen sich charakterliche Eigenschaften auf eine gestalthafte, expressive, eben physiognomische Weise manifestieren. Dies ist, wie die Psychologie erwiesen hat, etwa bei der Handschrift, der Gestik und Mimik, aber auch beim Gesicht des Menschen der Fall. Wenn auch die früher besonders von Lavater vertretene Auffassung, daß aus festen Formen des Gesichts Rückschlüsse auf die Psyche des Menschen möglich seien, heute bis auf einige Ausnahmen[1] nur noch für allgemeinere Beziehungen im Sinne Kretschmers[2] angenommen werden, so hat doch kürzlich Karl Leonhard[3] gezeigt, daß auf dem Wege der Verfestigung mimischer Zustände grundsätzlich auch sehr subtile physiognomische Züge als Pendant zu seelischen Haltungen entstehen können. Sollte der Eigenname tatsächlich einen wie auch immer gearteten Einfluß auf das Wesen eines Menschen haben können, so müßte er demnach, so gewagt es klingt, bis zu einem gewissen, sei es noch so minimalen Grade buchstäblich an seinem Gesicht abzulesen sein.

1 Methodische Überlegungen zum Porträttest

Nunmehr zeichneten sich die Konturen eines brauchbaren Testarrangements schon deutlich ab: Man konnte von Versuchspersonen die Namen mit dem Aussehen ihrer Träger 'vergleichen' lassen und in Zuordnungsversuchen prüfen, ob die 'Trefferzahl' höher als die statistisch zu erwartende sei. So

---

1 Vgl. etwa Rudolf Buttkus, Physiognomik, München, 1956.
2 Ernst Kretschmer, Körperbau und Cjarakter, Berlin 1921.
3 Der menschliche Ausdruck, Leipzig 1968, S. 253 ff.

wurden - wiederum nach einem Zufallsprinzip - eine Reihe von Namen gesammelt und zu Dreiergruppen geordnet. Die drei (alphabetisch angeordneten) Namen sollten von den Versuchspersonen jeweils den auf einen Streifen geklebten Porträts ihrer wirklichen Träger zugeordnet werden. Es war klar, daß bei dieser unorthodoxen Versuchsanordnung mit besonderer methodischer Sorgfalt gearbeitet werden müsse. Deshalb wurde ein Merkmalskatalog aufgestellt, nach dem alle Namen oder Fotos ausgesondert wurden, bei denen irgendeine Verfälschung des Ergebnisses denkbar gewesen wäre. Es wurden nicht aufgenommen:

1. anthropomorphe appellativische Namen.
   Darunter sind Namen zu verstehen, die ein
   auf menschliche Eigenschaften beziehbares
   Monem enthalten (z.B. *Schön*).

2. Namen mit 'konventionierten' Konnotationen
   a) auffällig regionalsprachlich gefärbte
      Namen (z.B. *Gscheidle*)
   b) stark fremdländisch klingende Namen, d.h.
      solche Namen, in denen Phonemverbindungen
      vorkommen, die dem Deutschen fremd sind
      (z.B. *Borowka*)
   c) Adelsnamen
   d) Namen, die assoziativ fest an bekannte
      Personen oder Ereignisse gebunden sind
      oder zu verbreiteten Klischees, Witzen,
      Geschichten etc. gehören (z.B. *Himmelstoss,
      Bolte* etc.).

3. Fotos, die von einem Durchschnittsformat
   stärker abwichen.

4. Fotos von Personen, die außerhalb einer
   mittleren Altersgruppe standen, was wegen
   der unterschiedlichen Vornamenmoden in den
   verschiedenen Generationen wichtig ist.

5. Fotos von Personen, deren Gesichtsausdruck
   stark von der Paßbildnorm abwich (lachender
   oder entstellender Gesichtsausdruck).

6. Fotos, auf denen Hinweise auf die Zugehörigkeit

der abgebildeten Personen zu bestimmten Berufs-
oder Gesellschaftsgruppen zu erkennen waren.

7. Porträts prominenter Persönlichkeiten.

Die Porträts und die Namen wurden der Wochenzeitschrift 'Der Spiegel' entnommen. Aus einigen Nummern dieser Zeitschrift, so wie sie gerade zur Hand waren und ohne daß sie vorher auf besonders geeignete Fotos durchgesehen worden wären, wurden, damit das Zufallsprinzip gewahrt blieb, sämtliche Fotos ausgeschnitten, die nicht von dem angeführten Katalog betroffen waren. Es waren 36, von denen 15 für fünf Porträtstreifen zu je drei Stück lediglich nach dem Gesichtspunkt, daß sie nicht zu blasse, auraarme Namen als Pendant hätten, ausgewählt wurden. Trotz all dieser Maßnahmen bleibt freilich als methodische Schwäche die Tatsache, daß die Bilder aus einer auflagenstarken Zeitschrift genommen sind, da nach den Erfahrungen der experimentellen Psychologie selbst unbewußte Erinnerungsreste von optischen Eindrücken bei nochmaliger Darbeitung wirksam werden können. Dieser Mangel wird einigermaßen ausgeglichen durch die Tatsache, daß - wie Befragungen ergaben - keine der Versuchspersonen regelmäßig die Zeitschrift las und nur einige wenige gelegentlich hineinschauten. Zudem handelte es sich um Nummern, die zum Zeitpunkt des Testes wenigstens ein dreiviertel Jahr alt waren.[1]
Die statistisch zu erwartende Trefferquote bei jedem einzelnen Zuordnungsversuch (drei Namen zu drei Porträts) ist eins. Das ergibt sich aus dem Schema der Variationsmöglichkeiten:

```
abc   abc   abc   abc   abc   abc
ABC   ACB   BAC   BCA   CAB   CBA
```

Teilt man die aus allen sechs Möglichkeiten resultierenden Übereinstimmungen (einmal 3, dreimal 1 und zweimal 0) durch die Anzahl der Möglichkeiten, so ergibt sich die statistische Trefferquote pro Versuch. Also 6:6 = 1.

2. Die Ergebnisse des Porträttests

Die Versuchspersonen waren wiederum Schüler der erwähnten Speyerer Schulen: zwei Unterprimen Mädchen (Klassen A und B) und eine Unterprima Jungen (Klasse C). In der Klasse A hatten 17 Schülerinnen fünf Porträtstreifen zu bearbeiten, von denen einer trotz einer sehr hohen positiven Signifikanz nicht

---

[1] 'Der Spiegel', 23/65, 39/65, 43/65, 10/65, 19/65, 22/65.

gewertet werden kann, da er von dem oben aufgeführten, inzwischen erweiterten Katalog der Disqualifikationskriterien betroffen ist. Er enthielt die Namen *Friedrich Stock* (anthropomorpher appellativischer Name, Vorstellungen: 'steif wie ein Stock', 'stocksteif' oder 'schlägt mit dem Stock' Paukertyp) und *Gerhard Borowka* (dem Deutschen fremde Phonemverbindung)[1]. Die Klassen B (14 Vpn.) arbeiteten mit denselben Streifen und einem zusätzlichen. Daraus ergibt sich, abzüglich der Versuche mit dem disqualifizierten Streifen, eine Gesamtzahl von Zuordnungsversuchen (je drei Namen zu drei Porträts) von 268. Nach den oben angestellten Berechnungen wäre demnach die statistisch zu erwartende Trefferzahl ebenfalls 268. Das wirkliche Ergebnis erbrachte die Summe von 378 Treffern. Diese Zahl überschreitet die statistische Trefferzahl um 110 Treffer oder 41,04 %. In der Klasse A wurden bei 68 Versuchen 104 Treffer erzielt, was einem Plus von 52,9 % entspricht. In Klasse B fielen auf 70 Versuche 101 Treffer. Das Plus beträgt hier 44,3 %. Klasse C weist bei 130 Versuchen 173 Treffer auf, womit ein Plus von 33,1 % erreicht wurde. Besonders fällt auf, daß von den insgesamt 14 Beurteilungen der fünf Streifen durch die drei Klassen elf eindeutig positiv signifikant sind und nur die drei Beurteilungen des Streifens 4 nahe bei dem Indifferenzwert der statistischen Trefferzahl liegen:

Streifen 1 (*Otto Walter Haseloff, Rolf Kersten, Richard Langeheine*)[2]
    Klasse A: 39 statt 17 = +129,4 %
    Klasse B: 25   "   14 = + 78,5 %
    Klasse C: 48   "   26 = + 84,7 %

Streifen 2 (*Franz Ruffin, Gert Spindler, Günther Storz*)
    Klasse A: 22 statt 17 = + 29,4 %
    Klasse B: 18   "   14 = + 28,5 %
    Klasse C: 35   "   26 = + 34,6 %

Streifen 3 (*Fritz Busch, Wilhelm Reinstorf, Helmut Zahn*)
    Klasse A: 27 statt 17 = + 58,8 %
    Klasse B: 24   "   14 = + 71,4 %
    Klasse c: 36   "   26 = + 38,7 %

Streifen 4 (*Johann Freese, Roland Gerstner, Walter Hesselbach*)
    Klasse A: 16 statt 17 = - 5,9 %
    Klasse B: 15   "   14 = + 7,1 %

---

1 Bei Mater, Rückläufiges Wb. d. dt. Sprache, erscheint als einziges Beispiel für -*wka* das dem Russischen entlehnte *Litewka*.
2 Die zugehörigen Porträts s. umseitig.

Obere Reihe (v.l.n.r.) Arnulf Borsche, Friedrich Haarburger, Otto Bäumer
Untere Reihe (v.l.n.r.) Richard Langaheine, Otto Walter Haseloff, Rolf Kersten

Obere Reihe (v.l.n.r.) Christoph Führ, Friedrich Stock, Gerhard Borowka
Untere Reihe (v.l.n.r.) Günther Storz, Franz Ruffin, Gert Spindler

Obere Reihe (v.l.n.r.) Walter Hesselbach, Roland Gerstner, Johannes Freese
Untere Reihe (v.l.n.r.) Fritz Busch, Helmut Zahn, Wilhelm Reinstorf

Klasse C: 23 statt 26 = - 11,5 %

Streifen 5 (*Otto Bäumer, Arnulf Borsche, Friedrich Haarburger*)
Klasse B: 19 statt 14 = + 35,7 %
Klasse C: 33 "   26 = + 27,0 %

Auf der Suche nach den Gründen für das bei allen drei Klassen übereinstimmend schlechte Abschneiden des Streifens 4 (*Johann Freese, Roland Gerstner, Walter Hesselbach*) wurde Verf. auf eine schon etwas zurückliegende, sehr populäre Fernsehserie mit dem Titel "Die Familie Hesselbach" aufmerksam, die zur Zeit des Tests in einer veränderten Form, die den 'Herrn Hesselbach' noch mehr in den Mittelpunkt des Geschehens rückte, eine Neuauflage erfahren hat. Möglicherweise ist dadurch die Aura des Namens *Hesselbach* in einer bestimmten Weise fixiert worden, was zu einer Verschiebung im Ergebnis des Streifens, in dem der Name *Walter Hesselbach* auftaucht, geführt haben könnte, besonders sobald etwa der Darsteller, der diese Figur verkörpert, einer der beiden auf dem Streifen abgebildeten Personen eher irgendwie ähnelt als dem tatsächlichen Walter Hesselbach. Immerhin zeigt dieser Fall einer 'konventionierten' Konnotation, daß der Punkt 2d (Namen, die an bekannte Personen oder Ereignisse erinnern oder zu verbreiteten Klischees, Witzen, Geschichten etc. gehören) zu Recht in dem Katalog derjenigen Kriterien steht, die einen bestimmten Namen für den Porträttest untauglich machen.

Eine theoretisch hervorragende Möglichkeit, solche Porträttests in methodisch einwandfreier Weise und auf breitester statistischer Basis durchzuführen, bieten die Paßämter größerer Städte mit ihrem riesigen Material an Paßfotos. Leider ist der Versuch, diese Möglichkeit zu nutzen, mit großen technischen Schwierigkeiten verbunden, nicht zuletzt wegen des Zwangs, Tests und Auswertung aus juristischen Gründen (wegen des Dokumentencharakters der Paßunterlagen) in den Diensträumen des Amtes abzuwickeln.

Dennoch konnten dank der Aufgeschlossenheit der zuständigen Behörden wenigstens probeweise - sozus. als Vorstufe für spätere Großversuche - im Heidelberger Amt für öffentliche Ordnung eine Reihe von Tests durchgeführt werden. Das Testarrangement mußte aus den erwähnten Gründen so beschaffen sein, daß die Zahl der beteiligten Personen auf zwei beschränkt werden konnte. Ein Helfer stellte - nach Möglichkeit den laufenden Nummern der zu je 100 Stück nach dem Datum der Antragstellung abgehefteten Paßakten folgend - je drei Personalbogen zusammen und legte sie der Versuchsperson mit abgedeckten Namen vor, nachdem letztere vorher in alphabetischer Reihenfolge

getrennt notiert worden waren. Versuchsperson war in allen Fällen der
Verfasser, ein Umstand, der von vornherein als mißlich empfunden werden
mußte, da sich einmal bei den vorangegangenen Tests gezeigt hatte, daß
eine Versuchsperson umso weniger für diese physiognomischen Tests geeignet
ist, je weniger unbefangen sie ihnen gegenübersteht, weil sich bei einer
wissenschaftlich reflektierenden Vp sofort vielfältige rationale Überlegungen vor das physiognomische Erlebnis schieben, und zum anderen wurde
bald deutlich, daß die Konzentration, die die Versuchspers. aufzubringen
hatte, um die Ratio aus dem Spiel zu halten, eine solche Anstrengung da-
stellte, daß bei einer großen Anzahl von aufeinanderfolgenden Versuchen
ihre Sensibilität für die aufzunehmenden physiognomischen Qualitäten nach
einer gewissen Zeit stark nachzulassen schien. Jedenfalls waren am Beginn
einer Serie die Ergebnisse fast immer deutlich besser als an ihrem Ende.
So nimmt es nicht wunder, wenn die Resultate der erwähnten Tests teilweise
weniger gut ausfielen, als nach den vorangegangenen Erfahrungen an sich
zu erwarten war. Es wurden in getrennten Serien 1. männliche Vornamen,
2. männliche Vor- plus Zunamen und 3. männliche Nachnamen und 4. Vornamen
bei Frauen untersucht und zwar in der Weise, daß immer nur die Fotos von
Personen zu einer Dreiergruppe zusammengestellt wurden, die innerhalb
desselben Jahrzehnts geboren waren. Diese Maßnahme schien notwendig, da
sich unterschiedliche Tendenzen in der Namengebung der verschiedenen Generationen bemerkbar machen, was unter Umständen die Zuordnung in unzulässiger
Weise erleichtern kann. Zunächst wurden für alle vier aufgezählten Kategorien Probeserien von ca. je 25 Versuchen durchgeführt. Dabei waren die
positiven Signifikanzen bei den männlichen Namen so wenig deutlich ausgeprägt, daß diese Serien abgebrochen wurden, weil man, um die Beweiskraft
solcher prozentual geringer Signifikanzen sicherzustellen, entsprechend
sehr große Versuchsserien ins Werk hätte setzen müssen, was aber unter den
gegebenen Umständen nicht möglich war.
Immerhin ließ sich eine Rangfolge insofern erkennen, als die erste Kategorie
besser abschnitt als die zweite und diese wiederum besser als die dritte.
Dies würde darauf hindeuten, daß der Vorname eine wichtigere Rolle für das
Selbstverständnis eines Menschen spielt als der Nachname, eine Annahme, die
plausibel erscheint, wenn man bedenkt, daß ja während der entscheidenden
Entwicklungsjahre der Kindheit der Gebrauch des Vornamens eindeutig dominiert.
Außerdem ist der FN als Gruppenname nicht so sehr auf das Individium be-
zogen wie der Vorname.

In besonderem Maße aber scheint diese Feststellung für Mädchen und Frauen Gültigkeit zu haben. In einer Welt, in der das öffentliche Bewußtsein trotz der nominellen weiblichen Emanzipation noch immer weitgehend von männlichen Denkkategorien her bestimmt wird, wird als zur Frau gehörig vor allem anderen die Sphäre des Privaten und Intimen, der Erotik und der Familie empfunden, in der der Nachname kaum von Bedeutung ist.[1] Gerhard Eis beispielsweise hat beobachtet, daß Studenten bei der Abkürzung weiblicher Namen des öfteren nur den Vornamen ausschreiben und den Familiennamen mit dem Anfangsbuchstaben abkürzten oder ganz wegließen, was bei Männernamen niemals vorkam. Ähnlich verhält es sich bei der Berichterstattung über eine Gerichtsverhandlung in dem Massenblatt "Bild-Zeitung", dessen Schlagzeile am 30.1. 1959 lautete: "Lebenslang für Popp, 9 Jahre für Inge, 10 Jahre für Melzer." Aber auch schon bei Schülern sind entsprechende Gewohnheiten zu beobachten. Es fällt auf, daß Spitznamen für Jungen oft von den Familiennamen abgeleitet sind oder daß Kurzformen des Familiennamens gebraucht werden wie *Krone* für *Kronenburger* oder *Lieben* für *Liebenstein* u.ä. Häufig wird aber auch noch nach Jahren des ständigen Beisammenseins einfach der korrekte Nachname verwendet, was bei Mädchen völlig unüblich ist. Auch von den Lehrern werden Mädchen eher beim Vornamen genannt als Jungen, was oft so weit geht, daß selbst nach dem Übergang zur Sie-Anrede die Korrekte Form 'Fräulein Meier' nur selten gebraucht wird, allenfalls 'Fräulein Gaby' oder gar 'Gaby, gehen Sie bitte zur Tafel!'[2] "Man wird daher wohl damit rechnen müssen", schließt Eis aus ähnlichen Beobachtungen, "daß bei den Frauen noch heute die Vornamen stärkere Suggestionen ausüben als die Familiennamen, daß das Verhältnis zu den Familiennamen ein anderes ist als bei den männlichen Trägern derselben Namen."[3]

---

1 Einen institutionellen Ausdruck finden diese Verhältnisse ja unter anderem in der Tatsache, daß die Frau bei der Heirat ihren Familiennamen verliert und den des Mannes annimmt, eine Übung, von der man neuerdings beispielsweise in der DDR abzukommen trachtet, wo künftig ein Ehepaar wahlweise den Nachnamen der Frau oder des Mannes annehmen kann.
2 Für die hier beobachteten Gewohnheiten existiert auch ein innersprachlicher Grund: Seit dem Rückgang der Movierung von FNN (*Müllerin, Müller'n*) ist mit artikel- und titellosem Gebrauch von FNN männliches Geschlecht verbunden, so daß für 'weiblich' stets ein Modifikator nötig ist (*die Müller, Fräulein Müller*). Anders etwa in slawischen Sprachen, wo etwa eine Reihe *Borowski, Borowska, Lenkowa, Lenkow* möglich ist. FNN enthalten also im Dt. ein Sem'männlich', das bei Frauen ausgeschaltet werden muß.
3 G. Eis, Tests über suggestive PN, in: Beitr. z. Namenf. 10, 1959, S. 305.

Diese Beobachtungen wurden durch das Ergebnis des Porträttests im Paßamt insofern deutlich bestätigt, als auch hier die Rückwirkung des Vornamens auf den Namenträger bei den Frauen stärker zu sein schien als bei den Männern. Bei den weiblichen Vornamen ergab sich eine eindeutige positive Signifikanz, deren Stabilität (auch bei kleinsten Teilserien) überzeugend war.
Es wurden insgesamt 114 Zuordnungsversuche mit je drei weiblichen Vornamen im Rahmen der Personalbogentests durchgeführt, wobei 144 Treffer zu verzeichnen waren. Das entspricht einem Plus von 26,3 % gegenüber der statistisch zu erwartenden Trefferzahl.

3. Porträttest und Polaritätenprofil

Auch zur Überprüfung dieser statistischen Ergebnisse sowie zur zusätzlichen Einführung qualitativer Kategorien bietet sich die Methode des Polaritätenprofils an. Aus arbeitstechnischen Gründen kam im Rahmen der vorliegenden Untersuchung jedoch nur eine Stichprobe in Betracht. Von zwei auch bei den Porträttests verwendeten Namen (*Fritz Busch, Helmut Zahn*) sowie den dazugehörigen Fotos der Namenträger wurden in der Mädchenklasse einer Oberschule (Druchschnittsalter: 18 J.) jeweils voneinander unabhängig PP.s erstellt (s. Beibl. 17, 18, 19 u. 20, S. 140ff). Die nach der oben S. 35 ff. beschriebenen Methode durchgeführte Interkorrelation der vier Profile ergab folgende Q-Werte (x entspricht dem Profil für den Namen *Fritz Busch*, x_1 dem Profil für das Foto von Fritz Busch, y dem Profil für den Namen *Helmut Zahn*, y_1 dem Profil für das Foto von Helmut Zahn):

$$Q_{xy} = + 0,28$$
$$Q_{x_1 y_1} = + 0,31$$
$$Q_{xx_1} = + 0,62$$
$$Q_{xy_1} = + 0,33$$
$$Q_{yy_1} = + 0,81$$
$$Q_{yx_1} = + 0,54$$

Zwischen den Profilen der zusammengehörigen Namen und Fotos erscheint also jeweils eine deutlich höhere positive Korrelation als bei den vier übrigen Kombinationsmöglichkeiten. Dies scheint die Ergebnisse des Porträttests zu bestätigen, wobei aber selbstverständlich auch hier erst systematische Großversuche endgültige Sicherheit bringen könnten.
Bei der Betrachtung der sechs Q-Werte fällt weiter auf, daß sie bei aller im Sinne unserer Hypothese signifikanten Differenzierung doch sämtlich

Beiblatt 17

Fritz Busch (Name)

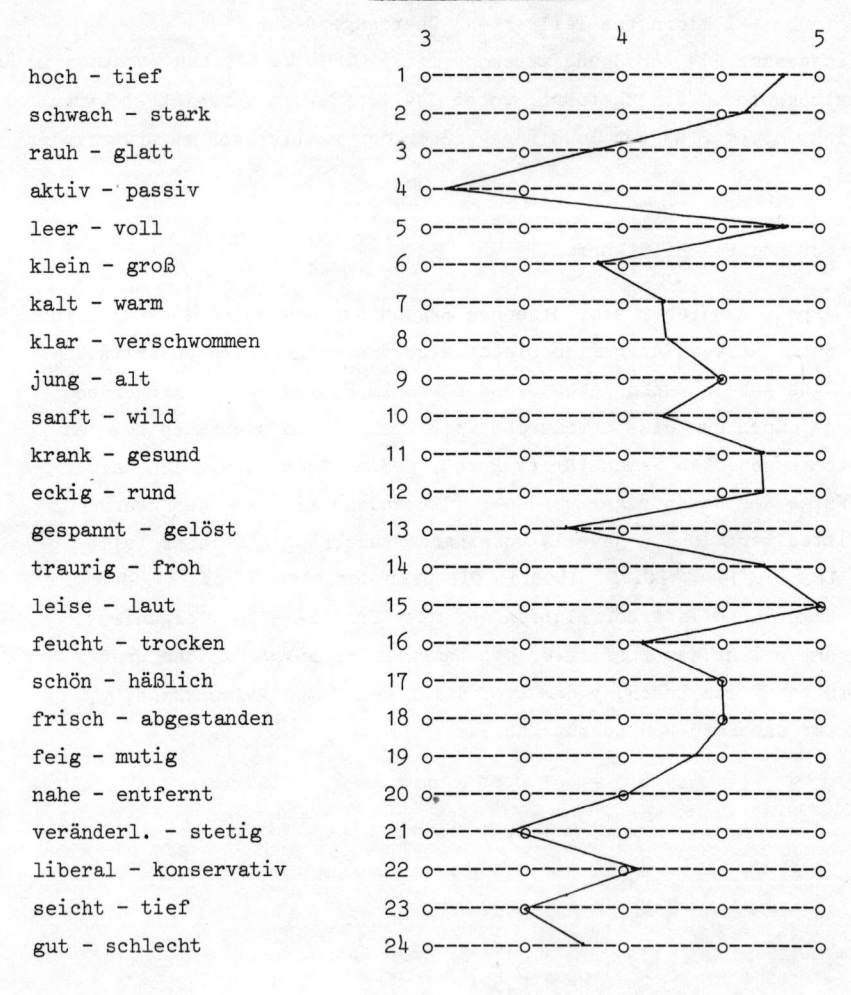

		3	4	5
hoch - tief	1			
schwach - stark	2			
rauh - glatt	3			
aktiv - passiv	4			
leer - voll	5			
klein - groß	6			
kalt - warm	7			
klar - verschwommen	8			
jung - alt	9			
sanft - wild	10			
krank - gesund	11			
eckig - rund	12			
gespannt - gelöst	13			
traurig - froh	14			
leise - laut	15			
feucht - trocken	16			
schön - häßlich	17			
frisch - abgestanden	18			
feig - mutig	19			
nahe - entfernt	20			
veränderl. - stetig	21			
liberal - konservativ	22			
seicht - tief	23			
gut - schlecht	24			

Beiblatt 18

Fritz Busch (Foto)

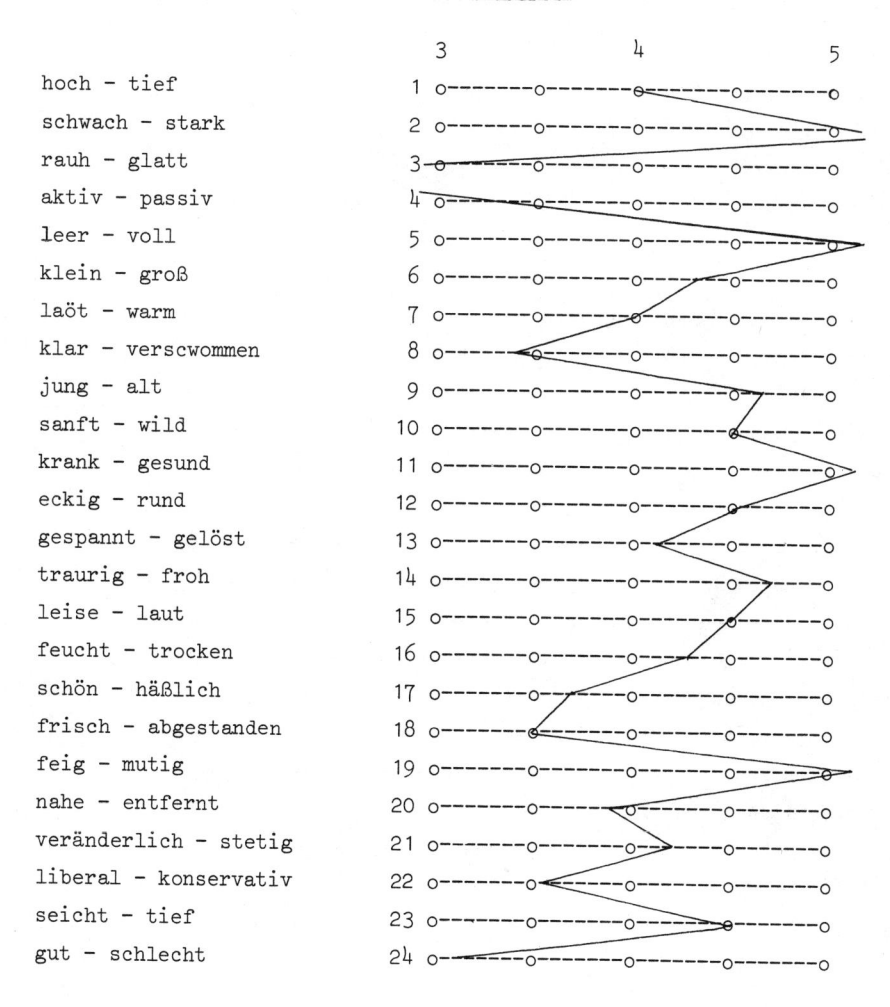

		3	4	5
hoch - tief	1			
schwach - stark	2			
rauh - glatt	3			
aktiv - passiv	4			
leer - voll	5			
klein - groß	6			
laöt - warm	7			
klar - verscwommen	8			
jung - alt	9			
sanft - wild	10			
krank - gesund	11			
eckig - rund	12			
gespannt - gelöst	13			
traurig - froh	14			
leise - laut	15			
feucht - trocken	16			
schön - häßlich	17			
frisch - abgestanden	18			
feig - mutig	19			
nahe - entfernt	20			
veränderlich - stetig	21			
liberal - konservativ	22			
seicht - tief	23			
gut - schlecht	24			

141

Beiblatt 19

Helmut Zahn (Name)

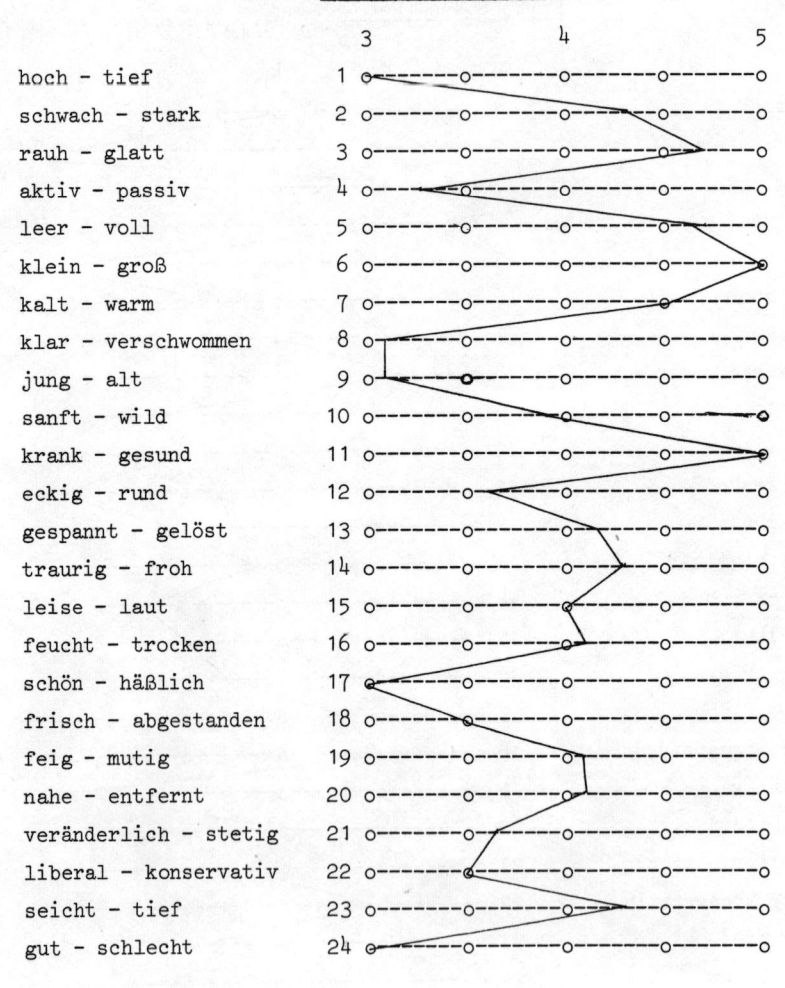

			3	4	5
	hoch – tief	1	3		
	schwach – stark	2		4	
	rauh – glatt	3			~5
	aktiv – passiv	4	~3		
	leer – voll	5			~5
	klein – groß	6			5
	kalt – warm	7	3		
	klar – verschwommen	8	3		
	jung – alt	9	3		
	sanft – wild	10		4	5
	krank – gesund	11			5
	eckig – rund	12		4	
	gespannt – gelöst	13		4	
	traurig – froh	14		4	
	leise – laut	15		~4	
	feucht – trocken	16		4	
	schön – häßlich	17	3		
	frisch – abgestanden	18		4	
	feig – mutig	19		4	
	nahe – entfernt	20		4	
	veränderlich – stetig	21		~4	
	liberal – konservativ	22		4	
	seicht – tief	23			~5
	gut – schlecht	24	3		

142

Beiblatt 20

Helmut Zahn (Foto)

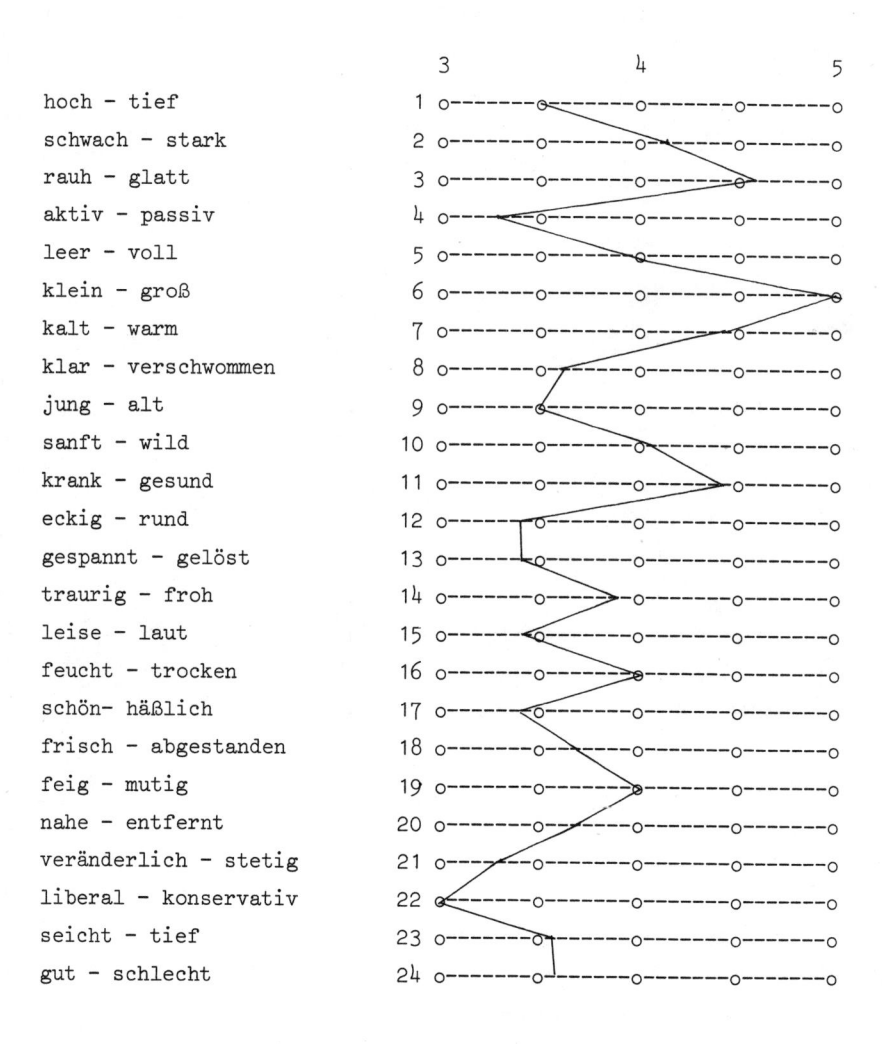

			3	4	5
	hoch – tief	1			
	schwach – stark	2			
	rauh – glatt	3			
	aktiv – passiv	4			
	leer – voll	5			
	klein – groß	6			
	kalt – warm	7			
	klar – verschwommen	8			
	jung – alt	9			
	sanft – wild	10			
	krank – gesund	11			
	eckig – rund	12			
	gespannt – gelöst	13			
	traurig – froh	14			
	leise – laut	15			
	feucht – trocken	16			
	schön – häßlich	17			
	frisch – abgestanden	18			
	feig – mutig	19			
	nahe – entfernt	20			
	veränderlich – stetig	21			
	liberal – konservativ	22			
	seicht – tief	23			
	gut – schlecht	24			

positiv ausgefallen sind. Man wird dies auf den Umstand zurückführen können, daß es hier Mädchen waren, die männliche Namen und Gesichter von Männern zu beurteilen hatten, wodurch gewisse Geschlechterstereotypen mit ins Spiel kommen mögen. So sind etwa die gut zum Begriff des Männlichen passenden Qualitäten 'aktiv' und 'gesund' von den hinreichend ausgeprägten Bewertungen die beiden einzigen, die in allen vier Profilen auftauchen. Ebenso geht bei der einschlägigen Polarität 'schwach - stark' die Tendenz in allen vier Profilen mehr in die Richtung von 'stark'.

Im folgenden seien die für die einzelnen Beurteilungsgegenstände kennzeichnenden Qualitäten, soweit sie Werte 3,6 bzw. 4,4 erreichen, in einer Übersicht aufgeführt (Reihenfolge nach dem Grad der Ausgeprägtheit):

x: Fritz Busch (Name)		x_1: Fritz Busch (Foto)	
laut	5,0	aktiv	2,0
aktiv	3,1	mutig	5,6
voll	4,8	stark	5,5
tief (Ggs.hoch)	4,8	voll	5,3
gesund	4,7	gesund	5,3
rund	4,7	rauh	2,9
froh	4,7	gut	3,1
stark	4,6	froh	4,7
veränderlich	3,4	alt	4,6
alt	4,5	klar	3,4
häßlich	4,5	wild	4,5
abgestanden	4,5	rund	4,5
seicht	3,5	laut	4,5
mutig	4,4	frisch	3,5
		tief (Ggs.seicht)	4,5
		liberal	3,6

y: Helmut Zahn (Name)		y_i: Helmut Zahn (Foto)	
gut	2,7	groß	5,0
hoch	2,8	liberal	3,0
gesund	5,1	aktiv	3,3
groß	5,0	veränderlich	3,3
schön	3,0	glatt	4,6
klar	3,1	eckig	3,4

jung	3,1	gespannt	3,4
voll	4,7	leise	3,4
aktiv	3,3	schön	3,4
glatt	4,6	hoch	3,5
liberal	3,5	jung	3,5
warm	4,5	gesund	4,4
frisch	3,5	warm	4,4
eckig	3,6	klar	3,6
		seicht	3,6
		gut	3,6

Aufschlußreich ist eine aus dem vorstehenden Material gewonnene Liste jener Qualitäten, die jeweils zweien der vier Profile gemeinsam sind:

xy	x_1y_1	xx_1	xy_1	yy_1	yx_1
aktiv	aktiv	aktiv	aktiv	groß	gut
voll	gesund	voll	gesund	hoch	gesund
gesund	gut	gesund	veränderl.	aktiv	klar
	klar	stark	seicht	schön	voll
	liberal	froh		glatt	aktiv
		alt		liberal	liberal
		laut		warm	frisch
		rund		eckig	
		mutig		klar	
				gut	
				gesund	
				jung	

Dabei ergibt sich ein erstaunlich exaktes Spiegelbild der bei der mathematischen Interkorrelation errechneten Q-Werte: Je höher die positive Korrelation bei einer der sechs Zweier-Kombinationen dort war, desto länger in etwa ist nun die Liste der bei den jeweils verglichenen Profilen gemeinsam auftretenden Bewertungen. Auch hier führen die Kombinationen xx_1 (Fritz Busch/Name : Fritz Busch/Foto) und yy_1 (Helmut Zahn/Name : Helmut Zahn/Foto) weit vor allen anderen.

Eliminiert man nun aus den obigen sechs Listen die Qualitäten, die in mehr als zwei Profilen auftreten, d.h. in mehr als einer der Listen erscheinen - es handelt sich bei diesen Bewertungen offensichtlich größtenteils um die angesprochenen Geschlechtskonstanten - , so bleiben diejenigen Züge übrig,

die als Ergebnis eines ganz spezifischen 'Vergleichs' von je zwei der vier Gegenstände durch die kollektive Intuition angesehen werden können.[1]
Bezeichnenderweise finden sich solche spezifischen Gemeinsamkeiten in größerer Zahl wiederum nur bei den Profilkombinationen xx_1 und yy_1. Es sind hier sechs bzw. sieben Bewertungen, während bei den restlichen vier Kombinationen insgesamt nur drei solcher Qualitäten zu registrieren sind.
Sowohl für den Namen *Fritz Busch* als auch für das Foto des Fritz Busch sind demnach die physiognomischen Eigenschaften

>   stark
>   froh
>   alt
>   laut
>   rund
>   und mutig

gleichermaßen kennzeichnend. Für den Namen *Helmut Zahn* und das Foto vom Träger dieses Namens sind es dagegen die Bewertungen

>   groß
>   hoch
>   schön
>   glatt
>   eckig
>   warm
>   und jung.

Grundsätzlich müßten sich physiognomische Beziehungen, wie sie hier dargestellt wurden, noch weiter differenzieren lassen. Auf der Seite der Namen könnte das durch die Analyse der expressiven Wirkung einzelner Laute oder Lautgruppen des Namens geschehen und auf der Seite der Fotos etwa dadurch, daß man Polaritätenprofile von einzelnen Gesichtszügen anfertigen ließe.[2]

---

[1] Es sei dabei noch einmal daran erinnert, daß die Vpn. selbst die beiden Gegenstände nicht miteinander vergleichen.
[2] Ob hier zusätzlich Methoden der klassischen psychologischen Physiognomik mit ihren mehr typenhaften Beschreibungen nutzbringend angewandt werden könnten, bedürfte einer genaueren Prüfung, will mir aber zunächst zweifelhaft erscheinen. Vgl. dazu die entsprechende Literatur, vor allem:
F. J. J. Buytendijk, Allgemeine Theorie der menschlichen Haltung und Bewegung, Berlin 1956.
A. Flach, Die Psychologie der Ausdrucksbewegung, in: Archiv f. d. ges. Psychologie, Bd. LXV, 1928. (Forts. S. 129)

Auf diese Weise könnten dann auch sehr stark ins Detail gehende Aussagen überprüft werden, wie etwa die eines Betrachters, für den z.B. "das forsche Sportlergesicht von Fritz Busch" mit der "Kürze (Einsilbigkeit) und Härte (konsonantische Geräuschhaftigkeit) seines Namens" korrespondierte, oder "die Weichheit der Nasen- und Mundpartie" mit den "weichen Phonemen *l, m, n* des Namens *Helmut Zahn*". Wir können, da die meisten der notwendigen Profile nicht vorliegen, hier nur paradigmatisch einige wenige Aspekte dieser interessanten Aussage behandeln. Tatsächlich scheinen etwa im Falle des *l* die aus dem Profil und aus der Position dieses Lauts im Raum der Primärkonnotationen hervorgehenden Qualitäten des Glatten und Energielosen recht gut zu der fast wehleidigen Weichheit der Mundpartie des Helmut Zahn zu passen. Ergänzt wird dieser Eindruck aber andererseits durch eine eigenartige säuerliche Gespanntheit, ja Spitzigkeit der Mund-Kinn-Region in diesem Gesicht, für welche Kompotente in der lautlich-graphischen Gestalt des Namens vielleicht das *z* (ts) Parallelen liefern könnte. Wir sehen hier übrigens ein weiteres Mal, daß Kennzeichnungen, die - wie 'Weichheit' und 'Gespanntheit' - rein logisch-lexikalisch Gegensätze darstellen, im physiognomischen Raum durchaus sozus.Legierungen eingehen können, was ja auch die Profile für Name und Foto des Helmut Zahn, in denen jeweils 'glatt' u n d 'eckig' gemeinsam erscheinen, auf eindrucksvolle Weise demonstrieren.

Insgesamt deuten alle bisher zu der Relation Name - Namenträger gesammelten Indizien darauf hin, daß die Hypothese von der Integration des kollektiven Namenbildes in das Ichbewußtsein des Namenträgers den tatsächlichen Gegebenheiten weitgehend entspricht. Die uralte magische Auffassung des Eigennamens hat offenbar einen objektiven charakterologischen Kern.

L. Klages, Grundlegung der Wissenschaft vom Ausdruck, 7. Aufl. Bonn 1950.
Ph. Lersch, Gesicht und Seele, 4. Aufl., München 1955.
Th. Piderit, Mimik und Physiognomik, 1925.
H. Stehle, Mienen, Gesten und Gebärden, München 1960.

LITERATURVERZEICHNIS

Albert, E. und Beechley, R.M. — Emotionaldisturbances in children with peculiar given names, in: J. genet. Psychol. 85, 1954.

Arndorfer, H. — Die Ausdurckswirkungen deutscher Laute, in: Muttersprache 76, 1966.

Bach, A. — Deutsche Namenkunde, Heidelberg 1953-1954.

Bächtold-Stäubli — Hwb. d. dt. Aberglaubens.

Bergner, G. — La puissance du nom, in: Arch. Psychol. (Genf) 25, 1936.

Betz, W. — Zur Namenphysiognomik, in: Festschr. f. Adolf Bach. Heidelberg 1965.

Bierwisch, M. — Strukturalismus. Geschichte, Probleme und Methoden, in: Kursbuch 5, 1966.

Boesch, B. — Die Eigennamen in ihrer geistigen und seelischen Bedeutung für den Menschen, in: Der Deutschunterricht 9, 1957.

Brechenmacher, K. — Etymologisches Wörterbuch der dt. FN. Limburg 1957 - Deutsches Namenbuch.

Bridges, K. M. B. — A genetic theory of emotions, in: J. genet. Psychol. 37, 1930.

Britan, H.H. — The Function of the Emotions, in: Psychol. Rev. 33, 1926.

Buttkus, R. — Physiognomik. München 1965.

Buytendijk, F. J. J. — Allgemeine Theorie der menschlichen Haltung und Bewegung. Berlin 1956.

Cronbach, L. J. und Gleser, G. L.   Assessing similarity between
                                     profiles, in:
                                     Psychol. Bulletin 50, 1953.

Debus, F.   Aspekte zum Verhältnis Name -
                                     Wort.
                                     Groningen 1966.

Dieth, E.   Vademecum der Phonetik.
                                     Bern 1950.

Düss, L.   Fonction psycholigique du nom
                                     propre dans la reconstruction de
                                     la personalite d'une schizo-
                                     phrêne, in:
                                     J. Psychol. norm. path. 39, 1964.

Eis, G.   Tests über suggestive Personen-
                                     namen in der modernen Literatur
                                     und im Alltag, in:
                                     Beiträge zur Namenforschung 10,
                                     1959.
                                     Die Rufnamen der Tiere, in:
                                     Neophilologus 48, 1964.
                                     Die Namen im Kriminalroman der
                                     Gegenwart, in:
                                     Neophilologus 49, 1965.

Erdmann, K. O.   Die Bedeutung des Wortes. Auf-
                                     sätze aus einem Grenzgebiet der
                                     Sprachpsychologie und Logik.
                                     Leipzig 1925.

Ermann   Die ägyptische Religion.
                                     Berlin 1905.

Ertel, S.   Standardisierung eines Eindrucks-
                                     differentials, in:
                                     Zs. f. exp. u. angew. Psychol.
                                     12, 1965.

Fenz, E.   Laut, Wort, Sprache und ihre
                                     Deutung.
                                     Wien 1940.

Flach, A.   Die Psychologie der Ausdrucks-
                                     bewegung, in:
                                     Archiv f. d. ges. Psychol., Dd.
                                     LXV, 1928.

Fleischer, W.   Zum Verhältnis von Name und Appellativum im Deutschen, in: Wiss. Zs. der Karl-Marx-Universität Leipzig 13, 1964, Ges.- und Sprachwiss. Reihe, H. 2.

Gardiner, A.   The Theory of Proper Names. A Controversial Essay.
London 1954.
The Theory of Speech and Language.
Oxford 1951.

Garnot, S. F.   Les fonctions, les pouvoirs et la nature du nom propre dans l'ancienne Egypte d'après les textes des Pyramides, in: Journal de Psychologie 41.

Gerhardt, D.   Über die Stellung der Namen im lexikalischen System, in: Beitr. z. Namenf. 5, 1954.

Hammarström, G.   Linguistische Einheiten im Rahmen der modernen Sprachwissenschaft. Berlin-Heidelberg-New York 1966.

Hess, W. R.   Die funktionelle Organisation des vegetativen Nervensystems. Basel. 1948.

Hoffmann, H.   Die Schichttheorie.
Stuttgart 1935.

Hofstätter, P. R.   Farbsymbolik und Ambivalenz, in: Psychol. Beitr. 2, 1956.
Dimensionen des mimischen Ausdrucks, in:
Zs. f. exp. u. angew. Psychol. 3, 1956.

Hofstätter, P. und Lübbert, H.   Bericht über eine neue Methode der Eindrucksanalyse in der Marktforschung, in:
Psychologie und Praxis, München 1958.

Hofstätter-Wendt   Quantitative Methoden der Psychologie.
München 1966.

Humboldt v., W.	Grundzüge des allgemeinen Sprachtypus. Stuttgart 1960, Werke V. Über das vergleichende Sprachstudium. Werke IV.
Jahoda, G.	A note on Ashanti names and their relationship to personality, in: Brit. J. Psychol. 45, 1954.
Jung, C. G.	Synchronizität als ein Prinzip akausaler Zusammenhänge, in: Naturerklärung und Psyche. Zürich 1952.
Kienle v., R.	Hist. Laut- u. Formenlehre d. Deutschen. Tübingen 1960.
Klages, L.	Grundlegung der Wissenschaft vom Ausdruck (7. Aufl.). Bonn 1950.
Kranzmayer, E.	Hist. Lautgeographie d. gesamtbairischen Dialektraums. Wien 1956.
Krauss, R.	Über graphischen Ausdruck. Beih. 48 zur Zs. f. angew. Psychol.
Kretschmer, E.	Körperbau und Charakter, Berlin 1921.
Kroh, O.	Das Schichtproblem in entwicklungspsychologischer Beleuchtung, in: Archiv f. d. ges. Psychologie 98, 1937.
Kroll, W.	Namenaberglaube bei Griechen und Römern, in: Mitteil. d. schles. Gesellsch. f. Volkskunde 16, 1914.
Laaths, E.	Geschichte der Weltliteratur. München 1953.
Lambertz	Die griechischen Sklavennamen. Wien 1907.

Leonhard, K.   Der menschliche Ausdruck.
Leipzig 1968.

Lersch, Ph.   Gesicht und Seele (4. Aufl.).
München 1955.

Leys, O.   De eigennaam als linguistisch
teken, in:
Mededelingen van de Vereinigung
voor Naamkunde te Leuven en de
Comisse voor Naamkund te Amsterdam 41, 1965.
Der Eigenname in seinem formalen
Verhältnis zum Appellativ, in:
Beitr. z. Namenf. 1966.

Malmberg, B.   New Trends in Linguistics, an
Orientation, translated from
the Swedish original.
Stockholm-Lund 1964.

Martinet, A.   Grundzüge der allgemeinen Sprachwissenschaft.
Stuttgart 1963.

Mater, E.   Rückläufiges Wörterbuch d. dt.
Sprache.
Leipzig 1965.

Menzerath, P.   Die Architektonik des deutschen
Wortschatzes.
Bonn 1954.

Micko, H. Ch.   Die Bestimmung subjektiver Ähnlichkeiten mit dem semantischen
Differential, in:
Zs. f. exp. u. angew. Psychol. 9,
1963.

Moser, V.   Frühneuhochdeutsche Grammatik.
Heidelberg 1929.

Murphy, W. F.   A note on the significance of
names, in:
Psychoanal. Quart. 26, 1957.

Osgood, Ch. E.   The nature and measurement of
meaning, in:
Psychological Bulletin 49, 1952.

Osgood, Ch. E. und Seboek, A. (Hrsg.)	Psycholinguistics. A survey of theory and research problems, with a survey of psacholinguistic research 1954. 1964 by A. Richard Diebold, Jr. Bloomington und London 1965.
Osgood, Ch. E. und Suci, G. J.	A measurement of relation determed by both mean difference and profile similarity, in: Psychol. Bulletin 49, 1952.
Osgood, Suci und Tannenbaum	The measurement of meaning, Urbana 1957.
Paul/Mitzka	Mhd. Grammatik. Tübingen 1969.
Piderit, Th.	Mimik und Physiognomik. 1925.
Pilch, H.	Phonemtheorie (2. verb. Aufl.). Basel 1968.
Polenz v., P.	Name und Wort, Bemerkungen zur Methodik der Namendeutung, in: Mitteil. f. Namenk. 8, 1960/61.
Pulgram, E.	Theory of Names, in: Beiträge z. Namenf. 5, 1954.
Riesel, E.	Stilistik der deutschen Sprache. Moskau 1959.
Rothacker, E.	Die Schichten der Persönlichkeit Leipzig 1938.
Saussure de, F.	Grundfragen der allgemeinen Sprachwissenschaft. Berlin 1967.
Savage, B. M. und Wells, F. L.	A note on singularity in given names, in: J. soc. Psychol. 27, 1948.
Schirmunski, V. M.	Deutsche Mundartenkunde. Vergleichende Laut- und Formenlehre d. dt. Mundarten. Berlin 1962.

Schlosberg, H.   The description of facial expressions in terms of two dimensions, in: J. exp. Psychol. 44, 1952. Three dimensions of emotions, Psychol. Rev. 61, 1954.

Schneider, W.   Über Lautbedeutsamkeit, in: Zs. f. dt. Philologie 63, 1938.

Scilcr, H.   Laut und Sinn: Zur Struktur der deutschen Einsilber, in: Lingua 11, 1962.

Sethe, K.   Die altägyptischen Pyramidentexte. Leipzig 1908-1922.

Solmsen, F.   Indogermanische Eigennamen als Spiegel der Kulturgeschichte. Heidelberg 1922

Sörensen, H. St.   The Meaning of Proper Names. Kopenhagen 1963.

Spiegel, B.   Werbepsychologische Untersuchungsmethoden. Berlin 1958.

Stekel, W.   Die Verpflichtung des Namens, in: Moll'sche Zeitschrift für Psychotherapie, Bd. III, 1911.

Strehle, H.   Vom Geheimnis der deutschen Sprache. München 1956. Mienen, Gesten und Gebärden. München 1960.

Stuermann, W. E.   The Name of Jesus: Word-magic in the Book of facts, in: Review of general semantics 14, 1957.

Trost, P.   Der Gegenstand der Toponomastik, in: Wiss. Zs. der Karl-Marx-Universität Leipzig, 11, 1962, Ges.-u. Sprachwiss. Reihe, H. 2.

Ullmann, St.   Grundzüge der Semantik. Berlin 1967.

Vater, H.   Eigenname und Gattungsbezeichnung, in: Muttersprache 75, 1965.

Wängler, H. W.   Grundriß einer Phonetik des Deutschen mit einer allgemeinen Einführung in die Phonetik. Marburg 2. Aufl. 1967.

Wellander, E.   Studien zum Bedeutungswandel im Deutschen (Uppsala Universitets Arsskrift).
Uppsala 1917, 1923 u. 1928.

Weisgerber, L.   Grundzüge der inhaltbezogenen Grammatik (3. neubearb. Aufl.). Düsseldorf 1962.

Werner, H.   Über die Sprachphysiognomik als einer neuen Methode der vergleichenden Sprachbetrachtung, in: Zs. f. Psychol. 109, 1929.
Die Rolle der Sprachempfindung im Prozeß der Gestaltung ausdrucksmäßig erlebter Wörter, in: Zs. f. Psychol. 117, 1930.

Korrelationsmatrix

	1	2	3	4	5	6	7	8	9	10
1	1.00009									
2	0.80430	1.00013								
3	-0.59900	-0.38780	1.00007							
4	0.35710	0.29050	0.21900	1.00016						
5	0.22990	0.09670	-0.66140	-0.75170	1.00016					
6	-0.55490	-0.30770	0.72190	-0.22050	-0.30470	1.00282				
7	0.55930	0.25110	-0.40140	0.54110	0.01520	-0.73620	1.00005			
8	0.03390	0.12610	0.57500	0.75300	-0.88000	0.31480	-0.04650	1.00006		
9	0.46830	0.27980	-0.00530	0.91540	-0.57120	-0.47670	0.70270	0.54710	1.00009	
10	-0.45460	-0.31850	0.87950	0.31270	-0.66100	0.64450	-0.23270	0.65070	0.11940	1.00122
11	0.56210	0.40530	0.07740	0.86250	-0.45890	-0.29000	0.68640	0.55490	0.84740	0.23370
12	-0.01930	-0.03820	-0.51820	-0.81640	0.89730	-0.18120	-0.20330	-0.88400	-0.71190	-0.65730
13	0.13900	0.28750	0.53470	0.75580	-0.80210	0.16950	0.05230	0.82950	0.61080	0.50100
14	0.88370	0.67910	-0.58900	0.40210	0.20820	-0.73340	0.70790	-0.04940	0.58610	-0.45110
15	0.55440	0.40010	-0.75430	-0.11310	0.62830	-0.78320	0.56950	-0.65390	0.09960	-0.75880
16	0.49830	0.52160	0.11940	0.82230	-0.59450	-0.06240	0.39080	0.68990	0.75700	0.28700
17	0.70290	0.50290	-0.17810	0.66730	-0.23860	-0.28310	0.65730	0.32090	0.72990	0.08790
18	-0.27970	-0.13330	0.40240	0.45150	-0.64890	0.13510	-0.00060	0.42090	0.35580	0.30280
19	-0.41390	-0.23080	0.58960	0.43140	-0.75970	0.25920	-0.12260	0.52320	0.30080	0.43240
20	0.76350	0.67720	-0.42540	0.19070	0.24510	-0.23350	0.41570	-0.03800	0.25800	-0.18740
21	0.49210	0.43490	-0.39270	-0.32490	0.54030	0.03810	-0.03300	-0.28190	-0.27920	-0.22100
22	0.44300	0.29290	-0.24750	0.47460	-0.05410	-0.54130	0.67680	0.03120	0.56080	-0.09130
23	0.48110	0.36630	-0.55450	-0.38100	0.72120	-0.20840	0.22850	-0.53010	-0.24790	-0.36430
24	-0.29290	-0.12720	0.62050	-0.04080	-0.26540	0.74010	-0.46540	0.46340	-0.23420	0.72180
25	0.40900	0.14070	-0.28610	0.57450	-0.15480	-0.71400	0.81250	0.01440	0.72010	-0.28700

SEITE 1

	11	12	13	14	15	16	17	18	19	20
1										
2										
3										
4										
5										
6										
7										
8										
9										
10										
11	1.00067									
12	-0.64570	1.00016								
13	0.57870	-0.75420	0.99655							
14	0.63530	-0.03090	0.09460	0.99754						
15	0.05560	0.53830	-0.42240	0.65740	1.00005					
16	0.79300	-0.75140	0.68380	0.47910	-0.14210	0.99943				
17	0.79760	-0.50000	0.38780	0.67630	0.19690	0.80130	1.00231			
18	0.12180	-0.42800	0.59990	-0.25520	-0.24430	0.31720	0.07730	0.59886		
19	0.09730	-0.51050	0.66300	-0.39060	-0.41560	0.23020	-0.07360	0.92580	1.00028	
20	0.48950	-0.02760	-0.01230	0.71080	0.33723	0.52540	0.71950	-0.45470	-0.60480	1.00038
21	0.03520	0.32650	-0.31440	0.36740	0.21320	0.05840	0.25240	-0.71660	-0.78700	0.78900
22	0.56000	-0.13750	0.26650	0.49750	0.40910	0.37270	0.57460	0.24680	0.05620	0.34440
23	0.03640	0.48410	-0.53480	0.48290	0.46500	-0.09310	0.24640	-0.75980	-0.87520	0.77200
24	-0.01220	-0.35200	0.19930	-0.40100	-0.71300	0.17770	-0.04670	-0.11360	-0.02160	0.07230
25	0.55890	-0.18380	0.27210	0.56120	0.52800	0.33860	0.47610	0.36070	0.23630	0.12390
	11	12	13	14	15	16	17	18	19	20

SEITE 2

	21	22	23	24	25
21	0.99855				
22	-0.01110	1.00028			
23	0.86870	0.12790	1.00025		
24	0.21980	-0.32490	0.02030	1.00007	
25	-0.27500	0.73340	-0.12010	-0.63960	1.00009

SEITE 3

	1	2	3	4	5	6	7	8	9	10	
26	0.70200	0.50640	-0.51190	0.09480	0.40990	-0.39950	0.57960	-0.28910	0.25400	-0.29770	26
27	-0.33100	-0.05770	0.59090	0.28840	-0.71060	0.50380	-0.48340	0.68710	0.08340	0.51510	27
28	-0.30420	-0.18960	-0.37910	-0.68370	0.58270	-0.11910	-0.14690	-0.74380	-0.56940	-0.43990	28
29	-0.46960	-0.20230	0.46010	-0.10850	-0.28050	0.57740	-0.36050	0.30150	-0.25560	0.58820	29
30	0.03500	0.18070	0.17720	-0.02410	-0.13070	0.43550	-0.26070	0.38120	-0.09660	0.39800	30
31	-0.08940	-0.00830	0.37970	0.10330	-0.23260	0.54630	-0.20400	0.34880	-0.04520	0.48250	31
32	-0.39250	-0.52690	0.15220	0.30420	-0.37150	-0.25250	0.39630	0.06800	0.35030	0.08590	32
33	0.02590	-0.19640	-0.13130	0.38590	-0.15900	-0.52620	0.68330	-0.06260	0.53930	-0.09850	33
34	-0.13160	-0.24340	-0.32860	-0.02580	0.19930	-0.51630	0.53300	-0.48850	0.16520	-0.31630	34
35	0.02310	-0.28630	-0.25870	0.33770	-0.12690	-0.57630	0.68910	-0.10820	0.52640	-0.17680	35
36	-0.26410	0.11970	0.29680	-0.07700	-0.27100	0.45710	-0.41460	0.31970	-0.25560	0.33700	36
37	-0.06330	0.03360	-0.36220	-0.27830	0.33220	-0.12100	0.13030	-0.32440	-0.28650	-0.30080	37
38	-0.03600	-0.10570	0.15110	0.66600	-0.53730	-0.35670	0.57870	0.33400	0.68670	0.15770	38
39	-0.13980	-0.05810	0.22400	0.89260	-0.73860	-0.25570	0.56050	0.66440	0.86880	0.34020	39
40	0.33280	0.06550	0.04730	0.84720	-0.55440	-0.37290	0.70810	0.52330	0.88610	0.18090	40
41	-0.02980	-0.22270	-0.33090	-0.29250	0.45470	-0.24820	0.38420	-0.48820	-0.20330	-0.23160	41
42	-0.28400	-0.19490	0.54970	0.01190	-0.23890	0.51930	-0.19580	0.37200	-0.11600	0.69520	42
43	0.16100	0.30950	0.25610	0.11560	-0.12360	0.48400	-0.10860	0.28760	-0.04630	-0.36280	43
44	-0.07500	0.19100	0.00740	-0.52630	0.31390	0.52630	-0.54240	-0.18010	-0.64900	-0.01760	44
	1	2	3	4	5	6	7	8	9	10	

SEITE 4

	11	12	13	14	15	16	17	18	19	20	
26	0.43270	0.10890	-0.18190	0.73540	0.53190	0.33720	0.67810	-0.50730	-0.67360	-0.91130	26
27	-0.03270	-0.48960	0.66270	-0.46370	-0.66060	0.25670	-0.13150	0.68390	0.79750	-0.46510	27
28	-0.60890	0.66240	-0.67920	-0.14530	-0.36600	-0.64550	-0.46540	-0.22000	-0.26230	-0.19410	28
29	-0.18350	-0.30040	0.05920	-0.47410	-0.56370	-0.07660	-0.20540	0.02280	0.13590	-0.18150	29
30	0.06900	-0.33160	0.06670	-0.05430	-0.42370	0.28340	0.13300	-0.22900	-0.18700	0.29500	30
31	0.20900	-0.31670	0.15610	-0.11900	-0.46090	0.37950	0.21320	-0.12030	-0.12200	-0.35740	31
32	0.14690	-0.25340	0.09080	-0.17080	-0.04020	-0.06880	-0.08300	0.46680	0.51020	-0.52530	32
33	0.33880	-0.16060	0.08630	0.22450	0.31470	0.08250	0.27370	0.41710	0.29090	-0.13790	33
34	-0.03810	0.19650	-0.32410	0.14960	0.51760	-0.17630	0.02820	0.18360	0.04810	-0.13400	34
35	0.26220	-0.14430	-0.01510	0.22650	0.31340	0.06100	0.27430	0.37450	0.25130	-0.12250	35
36	-0.17260	-0.21220	0.24290	-0.34970	-0.46370	-0.05560	-0.21980	0.13370	0.28110	-0.21800	36
37	-0.26630	0.33120	-0.32180	-0.03120	0.15950	-0.25510	-0.17160	-0.06010	-0.19710	0.05830	37
38	0.48920	-0.48730	0.46030	0.11990	0.02020	0.39120	0.30970	0.67720	0.60580	-0.23310	38
39	0.72020	-0.77250	0.62110	0.22110	-0.17480	0.63120	0.53580	0.56640	0.54670	-0.06370	39
40	0.81400	-0.68740	0.47520	0.41410	-0.00530	0.67810	0.66380	0.31440	0.26000	0.21100	40
41	-0.07010	0.38640	-0.50440	0.05700	0.31950	-0.41790	-0.06890	-0.25260	-0.34160	0.07110	41
42	0.10060	-0.35940	0.08460	-0.30380	-0.57680	0.11920	-0.04630	-0.29120	-0.14220	0.13000	42
43	0.29000	-0.23940	0.18370	0.05470	-0.31750	0.44100	0.37020	-0.21400	-0.23160	0.58800	43
44	-0.35910	0.31900	-0.26310	-0.20170	-0.19340	-0.19520	-0.25080	-0.45740	-0.41140	-0.31240	44
	11	12	13	14	15	16	17	18	19	20	

SEITE 5

	21	22	23	24	25	26	27	28	29	30	
26	0.72320	0.44480	0.81000	-0.09990	0.28570	0.99962					26
27	-0.50550	-0.18710	-0.73960	0.31170	-0.19060	-0.71120	1.00009				27
28	0.07960	-0.25660	0.27080	-0.28580	-0.16390	-0.00250	-0.34200	1.00015			28
29	-0.06490	-0.32440	-0.08270	0.66580	-0.54130	-0.25960	0.34390	0.17110	0.99958		29
30	0.37060	-0.22880	0.23590	0.76320	-0.51990	0.11540	0.20030	-0.08140	0.72510	1.00003	30
31	0.41970	-0.14040	0.20000	0.74780	-0.29320	0.23550	0.10200	-0.11760	0.41800	0.64050	31
32	-0.72490	0.26490	-0.51670	-0.37040	0.55630	-0.33120	0.10330	0.13530	0.01970	-0.38180	32
33	-0.47520	0.62980	-0.19920	-0.50040	0.79660	0.08300	-0.14580	0.10230	-0.15470	-0.38780	33
34	-0.30530	0.38190	0.02250	-0.52540	0.56900	0.18240	-0.38690	0.56190	-0.08720	-0.34270	34
35	-0.44920	0.59600	-0.17350	-0.50190	0.77040	0.10360	-0.17880	0.09080	-0.17610	-0.35630	35
36	-0.12070	-0.33540	-0.18100	0.36880	-0.49480	-0.39460	0.53510	0.17090	0.76380	0.49250	36
37	0.07130	0.14160	0.29700	-0.05620	-0.00240	-0.10860	-0.19910	0.53310	0.35180	0.14770	37
38	-0.68940	0.56840	-0.51680	-0.35510	0.73400	-0.15810	0.22630	-0.25730	-0.15550	-0.36980	38
39	-0.53360	0.50540	-0.51670	-0.11370	0.64120	-0.08690	0.32320	-0.59070	-0.08400	-0.11290	39
40	-0.24680	0.60190	-0.23400	-0.11900	0.71600	-0.23490	0.02260	-0.52700	-0.18150	-0.03800	40
41	0.14470	0.34420	0.44170	-0.18030	0.20280	0.28590	-0.54960	0.45380	0.15170	-0.03620	41
42	0.24630	-0.19660	0.13580	0.83290	-0.44790	0.04640	0.07550	-0.26520	0.64530	0.66190	42
43	0.55810	0.01050	0.38090	0.69270	-0.30920	0.43900	0.02050	-0.16930	0.40040	0.65680	43
44	0.65050	-0.47030	0.58810	0.45300	-0.65710	0.14990	-0.06300	0.32630	0.40650	0.49060	44
	21	22	23	24	25	26	27	28	29	30	

SEITE 6

	31	32	33	34	35	36	37	38	39	40	
26											26
27											27
28											28
29											29
30											30
31	1.00152										31
32	-0.23780	1.00012									32
33	-0.26480	0.80370	1.00083								33
34	-0.22890	0.66590	0.75210	1.00002							34
35	-0.30250	0.77090	0.90170	0.76120	1.00046						35
36	0.08450	-0.07390	-0.26360	-0.27480	-0.32100	1.00049					36
37	-0.01470	0.17990	0.28040	0.42100	0.26670	0.34860	1.00010				37
38	-0.24670	0.79600	0.82360	0.49490	0.71980	-0.13330	0.07840	1.00009			38
39	-0.03150	0.59260	0.60690	0.15970	0.61240	-0.13160	-0.19700	0.82280	1.00008		39
40	0.13390	0.51410	0.64170	0.22930	0.62270	-0.32200	-0.15290	0.72310	0.90280	1.00009	40
41	-0.10760	0.34530	0.48560	0.51070	0.48060	-0.02770	0.67250	0.10030	-0.09820	0.05010	41
42	0.65250	-0.14560	-0.30180	-0.30570	-0.30490	0.21390	-0.04610	-0.22880	-0.01840	0.05040	42
43	0.86940	-0.40640	-0.32380	-0.30960	-0.36740	0.18470	0.08830	-0.30940	-0.10730	-0.09120	43
44	0.50150	-0.58030	-0.60560	-0.37830	-0.66030	0.43210	0.33360	-0.71250	-0.71140	-0.58550	44
	31	32	33	34	35	36	37	38	39	40	

	41	42	43	44
41	1.00003			
42	0.03510	1.00031		
43	-0.01320	0.60460	1.00016	
44	0.05440	0.33740	0.58100	1.00014

SEITE 8